この物語は、
今から約五百年前の
京都から始まる……

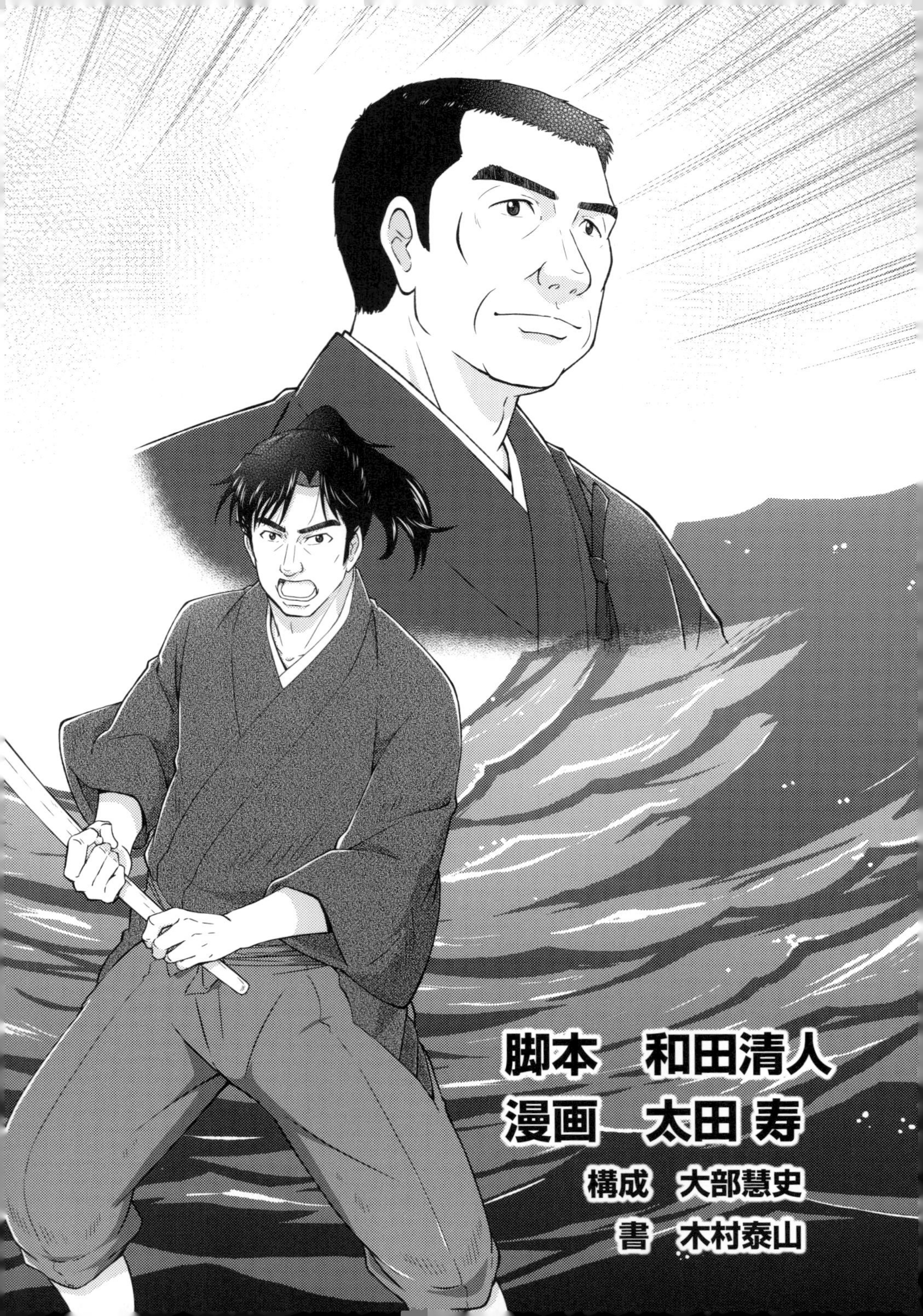
脚本　和田清人
漫画　太田 寿
構成　大部慧史
書　木村泰山

漫画

なぜ生きる

前編

第1章 強くなりたい

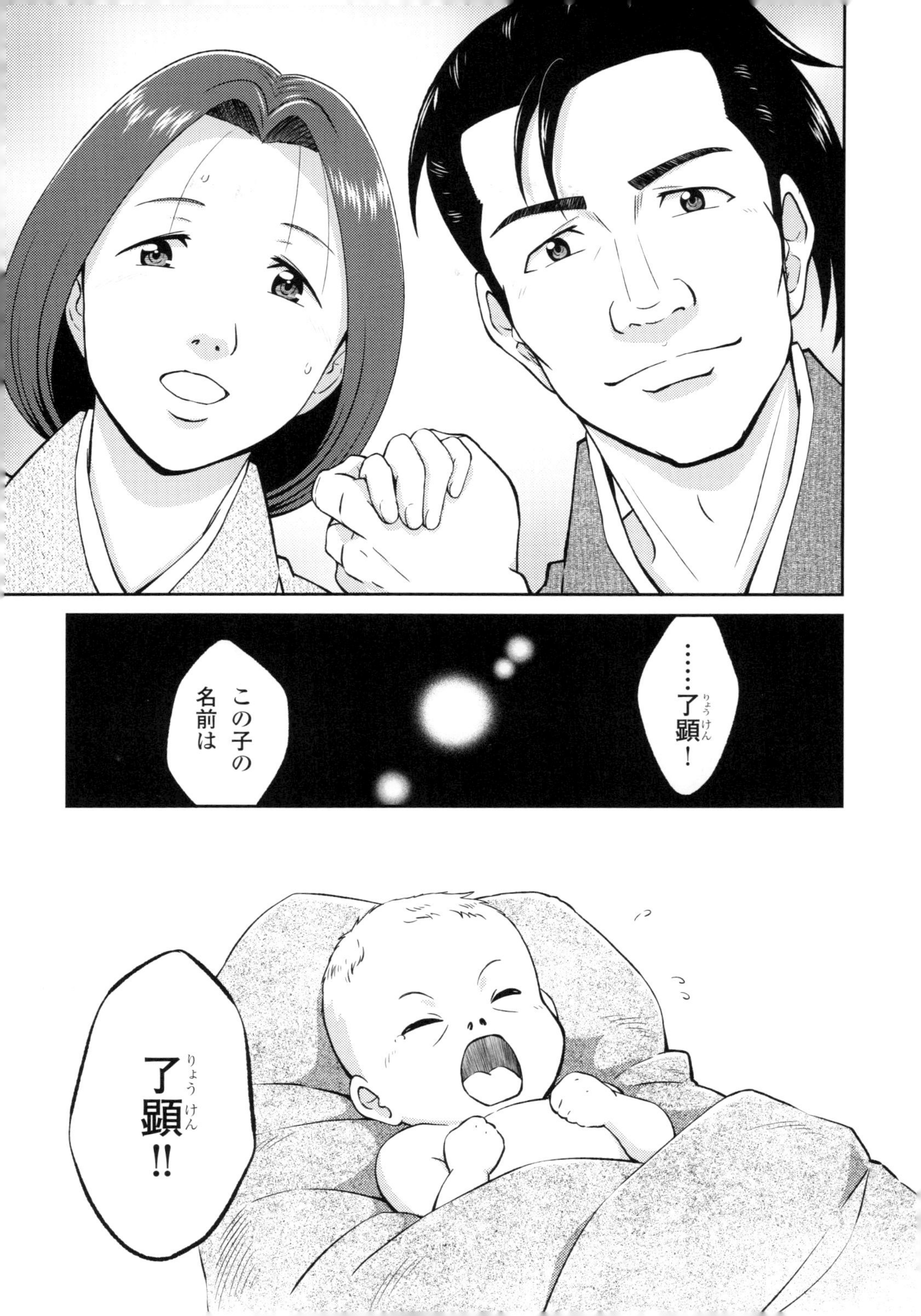
……了顕《りょうけん》!
この子の名前は
了顕《りょうけん》!!

ブン
ス…

ハッ
了顕《りょうけん》12歳《さい》
了顕《りょうけん》！
！

助六《すけろく》！
農作業の後だってのによくやるなあ
へへ……
なあ助六《すけろく》
大きくなったら何になりたい？
そんなの百姓《ひゃくしょう》に決まってるだろ
了顕《りょうけん》は？

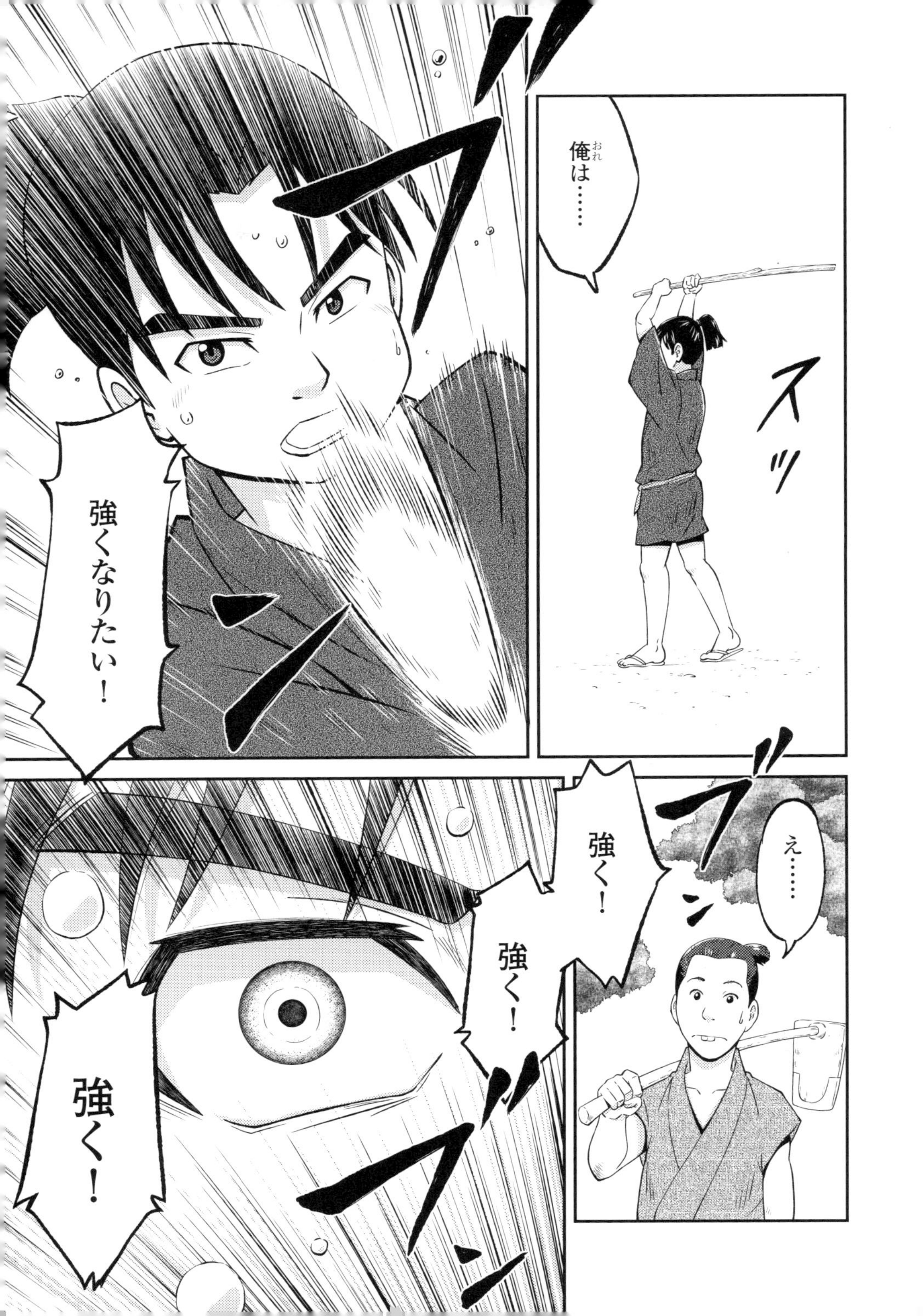
俺《おれ》は……
スッ
強くなりたい！
え……
強く！
強く！
強く！

ミーーン
ミーーン
ミーーン
了顕《りょうけん》の父
源三郎《げんざぶろう》
了顕《りょうけん》、疲《つか》れただろう
そろそろ休憩《きゅうけい》にしよう
大丈夫《だいじょうぶ》！俺《おれ》がおっ母《かあ》の分まで働かないと
そうか

よう源三郎《げんざぶろう》！精が出るのお！
今井様《いまいさま》、おはようございます
領主
今井勝重《いまいかつしげ》
息子《むすこ》
今井半兵衛《いまいはんべえ》
フン
！

こんなもろい土じゃ
いい作物が育たんだろ
すみません……
女房《にょうぼう》が病で
畑に出られん
ものですから……
働き手なら
息子《むすこ》がいるじゃ
ないか……
なあ……坊主《ぼうず》？
こいつはまだまだ
子供です！
今井様《いまいさま》！
もう少し大きな
馬を貸していただく
わけにはいかない
でしょうか？

ぐっ
!!
貴様！
いいえ！
とんでも
ございません！
わしの馬に
ケチをつける
つもりか！
誰《だれ》のおかげで
貴様のような
出来損《できそこ》ないの百姓《ひゃくしょう》が
生きていけると
思っているんだ！
もちろん！
今井様《いまいさま》のおかげで
ございます！

だったら死《し》に物狂《ものぐる》いで働いて、しっかり年貢《ねんぐ》を納めろ！
はい！
いいか！もし今年《ことし》も不作だったら女房《にょうぼう》子供を売り飛ばしてでも金を作ってもらうからな！
はい！
申し訳ありませんでしたぁ！

行くぞ、
半兵衛《はんべえ》！
ぐぐ…
はい
強くなって
戦《いくさ》で手柄《てがら》を立てて……
ブブブン
貧しい暮らしから
抜《ぬ》け出《だ》したい！
ン

へえ……
そんなこと
考えてんのか
よし、じゃあ
俺《おれ》が剣術《けんじゅつ》の稽古《けいこ》を
つけてやる
スッ
おう！
望むところだ！
やーーっ

ドォ
ダア
ピタ
俺《おれ》の勝ち！
……

あれ……
おかしいな
まだまだだあ！
ダアッ
今度は手加減
しないぞ！
ダッ
バババ

ピ
ガ
へへっ
やっぱり
俺《おれ》の勝ちだ！
ポィ
何だよ、おまえ
もうじゅうぶんに
強いじゃないか

違《ちが》うな
助六《すけろく》が弱いんだ！
あ……そうか！
ポ
ン
ぷっ
あっはっは
は
もうだいぶ暮れてきた……
帰らないと！
ま……待てよお了顕《りょうけん》！

しくしく
しく
しく
！

……おい
どうしたんだ?
もう日が暮れるぞ
千代
足……
くじいちゃったの
そのお花を
摘《っ》もうとして……

しょうがないな
俺《おれ》が取ってやるよ
ポン
……
どうしたの？
え？
やっぱり
やめた

こいつは雨にも負けず風にも負けず
ようやく小さな花を咲《さ》かせたんだ
今摘《つ》んじゃったらかわいそうだろ?

もう暗い……家まで送ってやるよ
ありがとう、了顕《りょうけん》さん
あ……ホタル！

ただいまあ！
了顕《りょうけん》お帰り……
遅《おそ》かったわね
千代を
送ってきた
夕飯もう
できてるぞ。
早く食べろ
いただきまあす！
カッ
カッ

了顕《りょうけん》……
私の分も
おあがり

いいよ！
もう腹いっぱいだから！
ぐう～～～～っ
ほら
遠慮《えんりょ》しないで
でも……
私は大丈夫《だいじょうぶ》だから
おあがんなさい
ゴト
え？

食べろ……
おまえには
まだまだ働いて
もらわんと困る
おっ父《とう》
キヌ！
おまえもちゃんと
食べろ！
了顕《りょうけん》のためにも
早く元気に
なってくれ！
ドカ
はい……

おっ父《とう》、いただきます！
ガッガッ

ミーーン
ミーーン
ガッ
ミーーン
ミーーン
ミーーン

おっ父《とう》……
俺《おれ》……
今《いま》井《い》様《さま》のところで剣術《けんじゅつ》を習いたいんだけど
剣術《けんじゅつ》？
ハァ
ハァ
どうしたんだ、急に……？
戦《いくさ》に行って手柄《てがら》を立てたいんだ！

戦《いくさ》なんてやめておけ……
どうして？
戦《いくさ》で活躍《かつやく》すれば今よりもっといい暮らしができるんだよ？
戦《いくさ》は奪《うば》い合《あ》いだ……
殺し合いだ……
そんな醜《みにく》いことをしてまで……
いい暮らしをしたいとは思わん！

おっ父《とう》は悔《くや》しくないのかよ！
同じ人間なのにバカにされて！
こき使われて！
おっ母《かあ》が早くよくなるように
もっといい飯食べさせてやりたいと思わないのかよ！
……！
おっ父《とう》……？
おっ父《とう》！

ハァ
ハァ
誰《だれ》か！
誰《だれ》か助けてくれ！
おっ父《とう》が
誰《だれ》かあ！

ぐっ…

どうぞ
お納めください
ひょい
……
これおっ父《とう》が
作った芋《いも》です。
よかったら
食べてください
……

……ありがとうございます……
ハーーッ
しかし……
亡くなった源三郎《げんざぶろう》さんは気の毒ですなあ
こんなわずかなお布施《ふせ》で、あの世へ送られてしまうなんて
……え？
……でもうちにはお金がなくて……

お布施《ふせ》……というのはね。
故人に対するあなた方の気持ちを表すものです
お布施《ふせ》をたくさん出さなければ
長いお経《きょう》はあげられません
このままでは源三郎《げんざぶろう》さんは
極楽浄土《ごくらくじょうど》に往《ゆ》けませんよ

ガッ
フン
……何だよ

偉《えら》そうなこと言って……
結局は
金が欲《ほ》しいだけじゃないか！

了顕《りょうけん》～
これ……
寺から
盗《ぬす》んできた
壷《つぼ》だろ？
バチが
当たるんじゃ……

は……バチなんてあるかよ！
これはあの坊主《ぼうず》が大事そうにしていた壷《つぼ》だ。今頃《いまごろ》泡食《あわく》ってるぜ！
……了顕《りょうけん》？
俺《おれ》は坊主《ぼうず》が大嫌《だいきら》いだ！

バキン
おっ父《とう》は弱いから死んだ
俺《おれ》は強くなってやる!

ザ
ッ
ブン
了顕《りょうけん》18歳《さい》

お……了顕《りょうけん》!
相変わらず頑張《がんば》るねえ〜
久しぶりに俺《おれ》が稽古《けいこ》をつけてやろう!
おい、了顕《りょうけん》……!

弱い奴《やつ》と稽古《けいこ》して強くなれるかよ!
……
了顕《りょうけん》さん……
千代……

お父さんが
亡《な》くなった時……
何があったの？
あれ以来、すっかり人が
変わってしまったから
おまえの
知ったことかよ
俺《おれ》は
もっと
強くなって……
勝って
勝って
勝ち続けてやる！

今井半兵衛《いまいはんべえ》
……
ゴク

始めえ！
バッ
ギッ
うおぉぉぉおおおおおおおおおおおおおお！

ぐぐっ
ぐっ

キィエェエ
どっ
カカカカカカカ

？
ぐらっ
ザッ
わっ

隙《すき》ありぃ！
そこまで！

ヨロ
ぐ……
ドッ
あ〜〜！
ガク
そこまでだ了顕《りょうけん》！
死《し》に物狂《ものぐる》いで働いて年貢《ねんぐ》を納めろ！
貧乏人《びんぼうにん》の葬式《そうしき》は金にならんわ……

おっおおおおおおっ
ひっ
ガッ
ミシッ
やめろ！了顕《りょうけん》！

了顕《りょうけん》……
貴様、卑怯《ひきょう》だぞ！
勝負に卑怯《ひきょう》もクソもあるか！
どんな手を使っても
勝った者が強いんだあ！
……了顕《りょうけん》さん

フゥ……
千代、
大丈夫《だいじょうぶ》……？

ハナ……
ありがとう……ちょっと緊張《きんちょう》してただけ
でも大丈夫《だいじょうぶ》！
今日こそはちゃんと
了顕《りょうけん》さんに言うって決めてきたんだから！

ガタン
ザザーッ

了顕《りょうけん》さん！
なぜあんなひどいことをするんですか？
ひどいこと……？
半兵衛様《はんべえさま》を打とうとしていた了顕《りょうけん》さんは……
とても恐《おそ》ろしい顔をしていたから……

おまえ……女のくせに
俺《おれ》の剣術《けんじゅつ》に文句をつけるのか？
文句なんて……私はただ……
了顕《りょうけん》さんらしくないと思って
フン……
おまえに俺《おれ》の何が分かるっていうんだ
了顕《りょうけん》さん！
やっぱりお父さんが亡《な》くなった時、何かあったんでしょ！
ぐっ

言っただろ?
おまえの知ったことか
お願い!了顕《りょうけん》さん!
悩《なや》んでいることがあるなら私に話して!
ついてくるな!おまえに話すことなんかない!
鬱陶《うっとう》しい!
ついてくるなって言ってるだろ!
自分の殻《から》に閉じこもらないで!
あっ!

大丈夫《だいじょうぶ》？
千代！
ありがとう
ハナ……
足くじいた
かも……
……
おっ父《とう》が
死んだ時……
坊主《ぼうず》に
言われたんだよ
お布施《ふせ》を
たくさん
出さなきゃ
極楽浄土《ごくらくじょうど》に
往《い》けないって……

金！ 金！ 金！
あいつらは金のことしか考えてないんだ！
坊主《ぼうず》も！
今井《いまい》の野郎《やろう》も！
だから俺《おれ》は決めたんだ！
強くなって勝って！
勝って！
勝ち続けて
俺《おれ》たち家族をバカにした連中を見返してやるってな
……
つまらん話だろ？忘れてくれ

もし
私にできることがあったら……
おまえにできることなんか何もない……
俺《おれ》はおっ父《とう》の死んだ日から……
自分のことしか信じないって決めたんだ
了顕《りょうけん》さん……子供の頃《ころ》にもこうやって
おぶってもらったことありましたね
覚えてないな……
ちょうどこの場所で

足をくじいて泣いていたら
了顕《りょうけん》さんが通りかかって……
……
了顕《りょうけん》さん！
!
千代!?
そっちはもう暗……
ガサ
ガサ
タッ

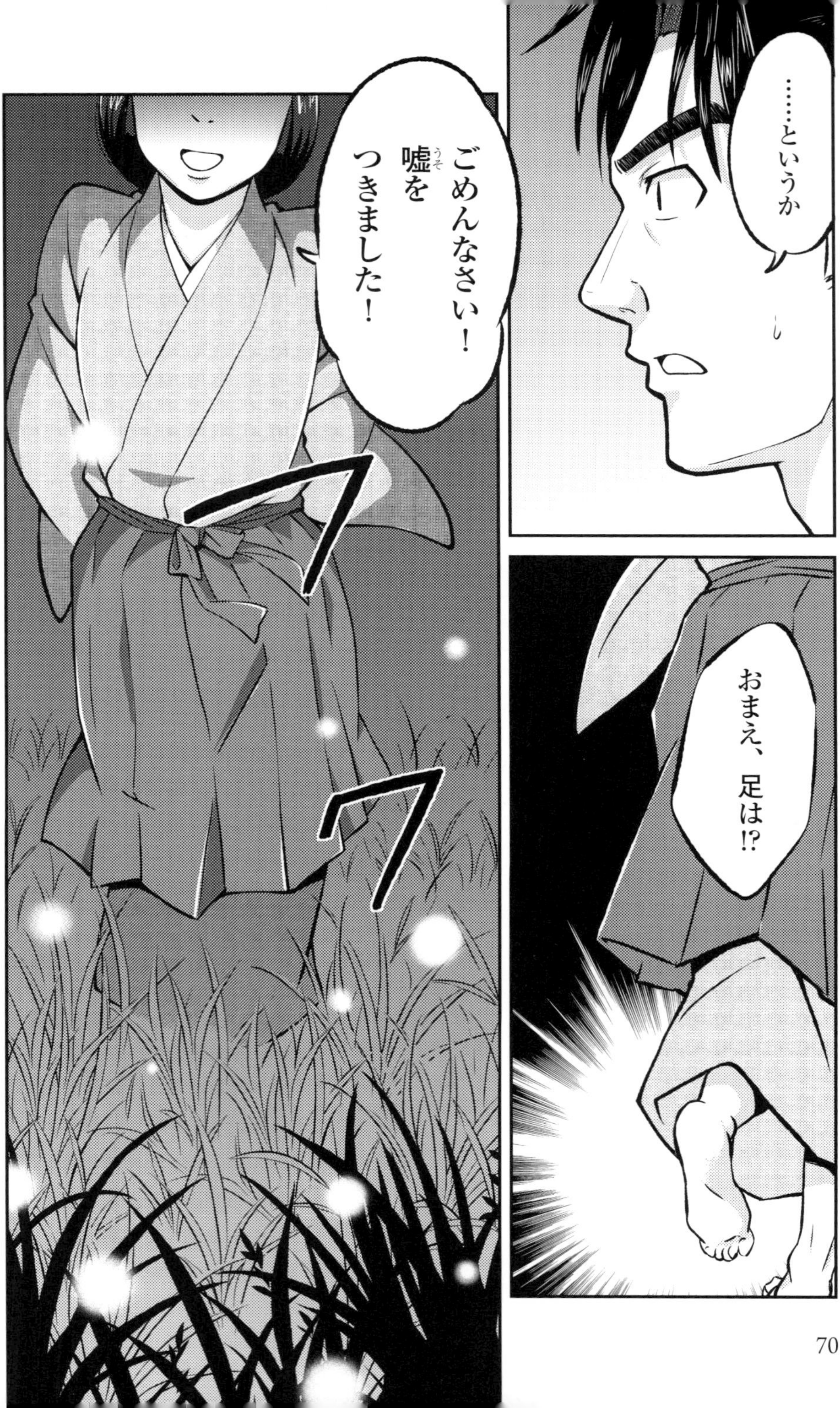
……というか
ごめんなさい！
嘘《うそ》を
つきました！
おまえ、足は!?

どうしても
ここに一緒《いっしょ》に
来たくて
見て！

今摘《つ》んじゃったら かわいそうだろ?
きれいよ

了顕《りょうけん》さんの助けた花

第2章 待ってくれ、千代

二年後……

千代！
そっちはどうだ？
は……
フラ
あ……い？
大丈夫《だいじょうぶ》か？千代！
ええ……少し疲《つか》れただけ
おまえは木陰《こかげ》で休め。後は俺《おれ》がやるから
すみません……

ガツ
ガツ
……
おい！千代！
食べないのか？
……ご飯のにおいをかいだら
何だか気分が悪くなってしまって……

やっぱり、どこか悪いんじゃないか？
そんなことないわ！
私、丈夫《じょうぶ》なことだけが取《と》り柄《え》だし……
千代、それはきっとおめでただわ
？
病気なんかじゃないよ
千代のおなかには赤《あか》ん坊《ぼう》がいるんだ
え？
おめでとう！

そう！赤ちゃんができたのね！
おめでとう！
千代！
ありがとうハナ……
……
……うれしくないの？
うちは貧しいから子供を幸せにする自信がなくて……

お義母《かあ》さんのお世話もしないといけないし……
こんな時に生んだら……
子供に恨《うら》まれるんじゃないかって……
不安なの
……何かしら

他に何か
聞きたいことは
ありますか？
蓮《れん》如《にょ》上《しょう》人《にん》
ここのところ
不作続きで
家には全く
蓄《たくわ》えがありません
そんな
貧乏人《びんぼうにん》でも
阿弥陀仏《あみだぶつ》は
救ってくださる
んですか？

もちろん！救っていただけますよ！
え？本当ですか？
ええ……貧乏《びんぼう》な人も
男の人も
裕福《ゆうふく》な人も
女の人も

差別されることなく
皆《みな》、救っていただけます！
阿弥陀仏《あみだぶつ》の救いに条件はないのです！

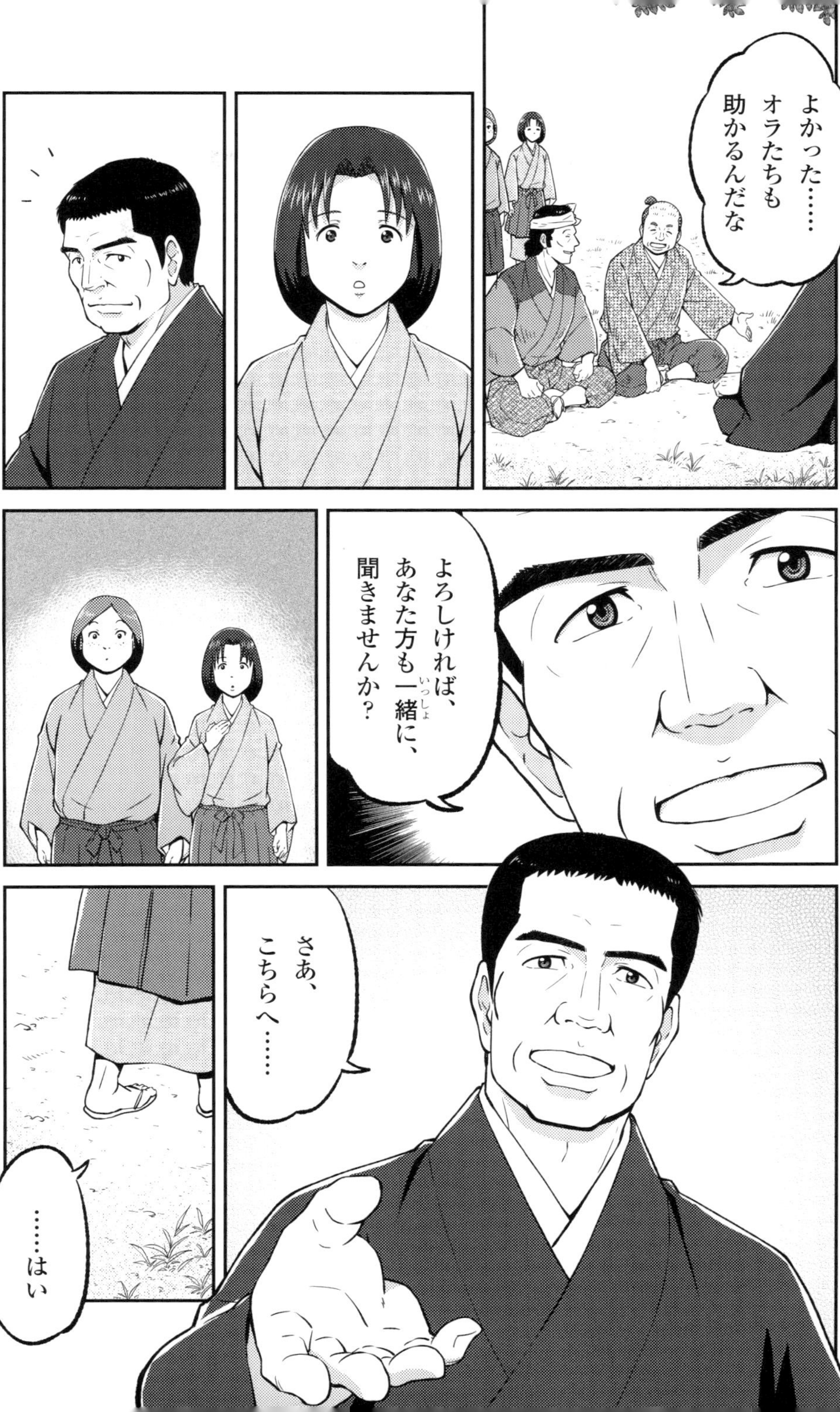
よかった……オラたちも助かるんだな
よろしければ、あなた方も一緒《いっしょ》に、聞きませんか？
さあ、こちらへ……
……はい

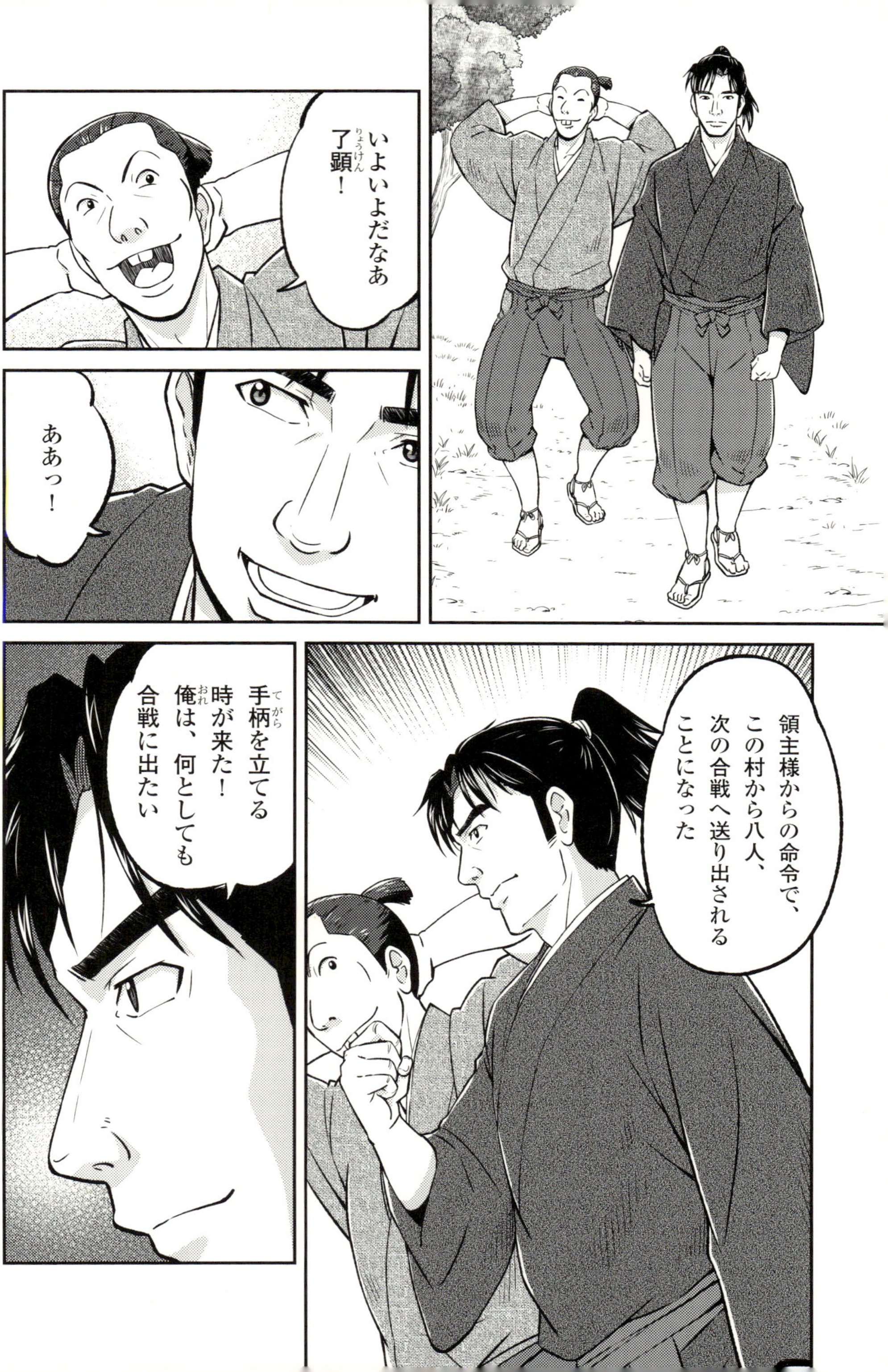
いよいよだなあ
了顕《りょうけん》！
ああっ！
領主様からの命令で、
この村から八人、
次の合戦へ送り出される
ことになった
手柄《てがら》を立てる
時が来た！
俺《おれ》は、何としても
合戦に出たい

了顕《りょうけん》ずっと頑張《がんば》ってたもんなあ〜！
了顕《りょうけん》の選抜《せんばつ》はもう決まったようなもんだ！
今や……了顕《りょうけん》にかなう者なんか一人《ひとり》もいねえ！
実力は師匠《ししょう》すら負かしかねないもんな
後輩《こうはい》の指南も進んでやって……
人望だって厚い！
間違《まちが》いねえよ

ああっ！
これで生まれてくる子供や、
千代……、おっ母《かあ》に楽させてやれる！
あ〜あ。俺《おれ》も了顕《りょうけん》にもう少し稽古《けいこ》つけてもらえばよかったかなあ
助六《すけろく》……ありがとうな
何だよ、気持ち悪い！

それでは選抜結果《せんばつけっか》を言《い》い渡《わた》す……！
名前を呼ばれた者は前へ！
彦次郎《ひこじろう》……
はい
忠三郎《ちゅうざぶろう》
弥助《やすけ》……
はい
はい
孫太郎《まごたろう》
はい

新吉《しんきち》……
はい
平太郎《へいたろう》
はい
源内《げんない》
はい
小太郎《こたろう》
はい
以上だ！
フッ

ザザッ
おい、ちょっと待て！
俺《おれ》の名前が呼ばれてないぞ！
了顕《りょうけん》……おまえは落第だ
ペラッ
どういうことだ！
こいつら八人合わせても
俺《おれ》にはかなわんだろう！

確かにおまえは強い！
だが……力任せに剣《けん》を振《ふ》り回《まわ》すだけで
周りの状況《じょうきょう》が全く見えていない。
他人の助言を聞こうともしない
ちょっと待て、いつの話をして……
おまえのような奴《やつ》が戦《いくさ》で真っ先に死ぬんだ

勘違《かんちが》いするな
これはここにいる全ての人間の総意だ
な……
……了顕《りょうけん》
了顕《りょうけん》さん、すまねえ……
今度うちにも子供が生まれるんだ……
了顕《りょうけん》……おまえ言ってたよなあ……

どんな手を使っても
勝った者が強いって
了顕《りょうけん》……
おまえには
馬の世話が
お似合いだよ

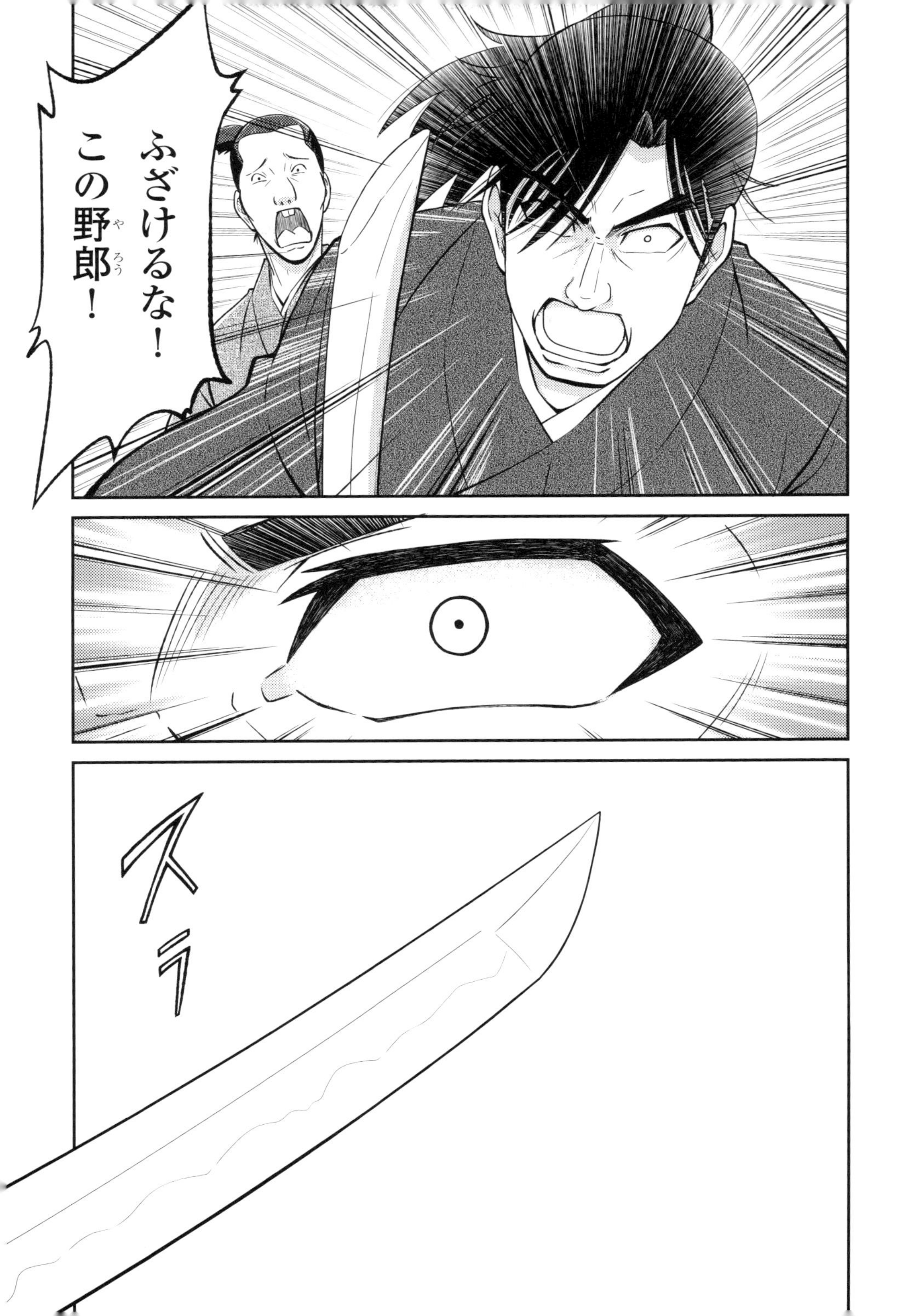
ふざけるな！
この野郎《やろう》！
スラ

どうした?
かかってこんのか?
くっ……
か……
勘弁《かんべん》してくれ!
半兵衛様《はんべえさま》!

ジャキ
フン
今回は見逃《みのが》してやる！
そのかわり
二度と俺《おれ》の前にその面《つら》を出すな！
了顕《りょうけん》……行こう
触《さわ》るな！

了顕《りょうけん》……

ちくしょう
ドカッ
半兵衛《はんべえ》のやろおぉ……！
くそっ！
ちくしょう！
ちくしょお！
ちくしょぉお！

如来大悲《にょらいだいひ》の恩徳《おんどく》は～
身《み》を粉《こ》にしても報《ほう》ずべし～
師主知識《ししゅちしき》の恩徳《おんどく》も～

骨《ほね》を砕《くだ》きても～
ガラッ
！
お帰りなさい！
何だ……
今の歌は？
恩徳讃《おんどくさん》と
いってね、
蓮如《れんにょ》さまという
お坊《ぼう》さまに
教えていただいたの
その方の
お話がとても
素晴《すば》らしくて……

誰《だれ》が坊主《ぼうず》と話していいって言った？
え……？
知ってるだろ
俺《おれ》が坊主《ぼうず》を嫌《きら》いだってこと……
あいつらは金の亡者《もうじゃ》だぞ。
たくさん金を払《はら》えば長いお経《きょう》をあげてやるだの
極楽《ごくらく》に往《い》けるだの、貧乏人《びんぼうにん》を差別しやがるんだ
でも蓮如《れんにょ》さまは違《ちが》うの！
坊主《ぼうず》は坊主《ぼうず》だろうが！

寺の歌なんか二度と歌うんじゃねえ！
すみません……
了顕《りょうけん》……許してをやり
千代も悪気があってしたことじゃないんだから……
病人の穀《ごく》つぶしが！
俺《おれ》に偉《えら》そうな口きくんじゃねえよ！

……
あなた！お母さんに何ということを！
お母さん？
そうよ！あなたを生んだ母親じゃないの！
血のつながった家族じゃないの！
ふん！俺《おれ》は……
こんな貧しい家に生まれたくなかったよ！

!……
あなた……
おい
おっ母《かあ》！
何で俺《おれ》みたいな
者を生んだんだよ！
不幸せになると
分かっていながら
何で生んだんだよ！

なあ!
教えてくれよ!
もうやめて!
……

うるせえ！
おまえはさっさとメシの支度《したく》をしろ！
ダ
ダダ
ダ
……

了顕《りょうけん》！
子供、もうすぐ生まれるんだろ
ああ……
みっちり剣術《けんじゅつ》をたたき込《こ》んで強い男に育ててやる！
女だったらどうする？
わ
……
男だよ……絶対に男だ

如来大悲《にょらいだいひ》の
恩徳《おんどく》は～
身《み》を粉《こ》にしても
ガラッ
帰ったぞ!

お帰りなさい、あなた！
師主知識《ししゅちしき》の……
おい！その歌やめろって言っただろう！
あ……

坊主《ぼうず》に何を吹《ふ》き込《こ》まれたのか知らんが……
あいつら金のことしか考えてないぞ！
本堂が雨漏《あまも》りするとか門が壊《こわ》れたとか！
何だかんだと言って檀家《だんか》から金を集めるそうじゃないか！
……
違《ちが》うのよ！

違《ちが》うもんか！
お布施《ふせ》を出さないなら墓を持っていけ！と脅《おど》された奴《やつ》もいるんだ！
違《ちが》うの！
それは本当の仏教じゃないのよ！
あなたも蓮如《れんにょ》さまのお話を聞けば分かるわ！

ふん……その坊主《ぼうず》の話を聞いて何になる？
おっ母《かあ》の病気が治るとでもいうのか？
いっそ……早くお迎《むか》えが来れば……
おっ母《かあ》も楽だろうに

とにかく
二度と寺には行くなよ！
でも……
行くなと言ったら行くな！
おまえは……
丈夫《じょうぶ》な息子《むすこ》を生むことだけ考えてりゃいいんだ！

オォォォォ
今日《きょう》は外でお仕事でしょう?
雨になるといけないから、
これ持っていってね

いらねえよ、そんなもん！
バタン
……ごめんね、千代
……いえ
見送りしてきますね
オオオ
ふん
あなた～！

行ってらっしゃい！
ふん！

ポッ

ザァ
ひゃあ

何だ了顕《りょうけん》！かさ持ってきてねえのか？
気の利《き》かねえかかあだなあ！
取りに帰れよ
風邪《かぜ》引いちまうぞ
いいんだよ
……

ゴロゴロゴロゴロ
ザァアァ
あの人、
きっと意地を張って
帰ってこないわ

お義母《かあ》さん、かさとみのを届けに行ってきますね
スー
スー
バタン

ザアアアア
おい大丈夫《だいじょうぶ》か？
ち……
これじゃ仕事になんねえな

……ん？
千代!?
あのバカ！こんな日に外を出歩くなんて
おなかの子に何かあった……
ら……

オ
オ
オ
何だ？
雷《かみなり》だ！
オ
オ
見ろよ！
あの杉《すぎ》！
オ
オ

おい！
了顕《りょうけん》！
ハア
ハア
ハア
ハア
ハア

ザアアアアアアアア
千代！
しっかりしろ
千代！
助六《すけろく》も
早く手伝え！

今、助けてやるからな！
助六《すけろく》！今のうちに千代を！
千代……
何やってる早くしろ！
……了顕《りょうけん》、ダメだ……
何が！

もう……
死んでる
千代……
起きろよ……
嘘《うそ》なんだろ?
なあ……!

嘘《うそ》だと言ってくれ！
千代！

帰《き》命《みょう》無《む》量《りょう》寿《じゅ》如《にょ》来《らい》
南《な》無《む》不《ふ》可《か》思《し》議《ぎ》光《こう》
法《ほう》蔵《ぞう》菩《ぼ》薩《さつ》因《いん》位《に》時《じ》
在《ざい》世《せ》自《じ》在《ざい》王《おう》仏《ぶっ》所《しょ》……
雨になると いけないから
これ持って いってね
……俺《おれ》のせいだ……

これから子供も生まれる
いちばん幸せな時にねえ……
人の命は儚《はかな》いものだなあ……
ああ……朝元気だった人が
夜にはぽっくり死んじまうんだから

ガラ
お帰り了顕《りょうけん》……
かわいそうにねえ……
千代も……
ううう…
おなかの子も……
ああ……

私が千代を止めてやれば……
私が代わってやれれば……
ううう……
あぁあ
あぁあぁああぁあぁ
本当にそうだな……
ハア

おっ母《かあ》なら
よかったのにな

バクン…

バキッ
ーーア
ーーア
ーーア
ーーア

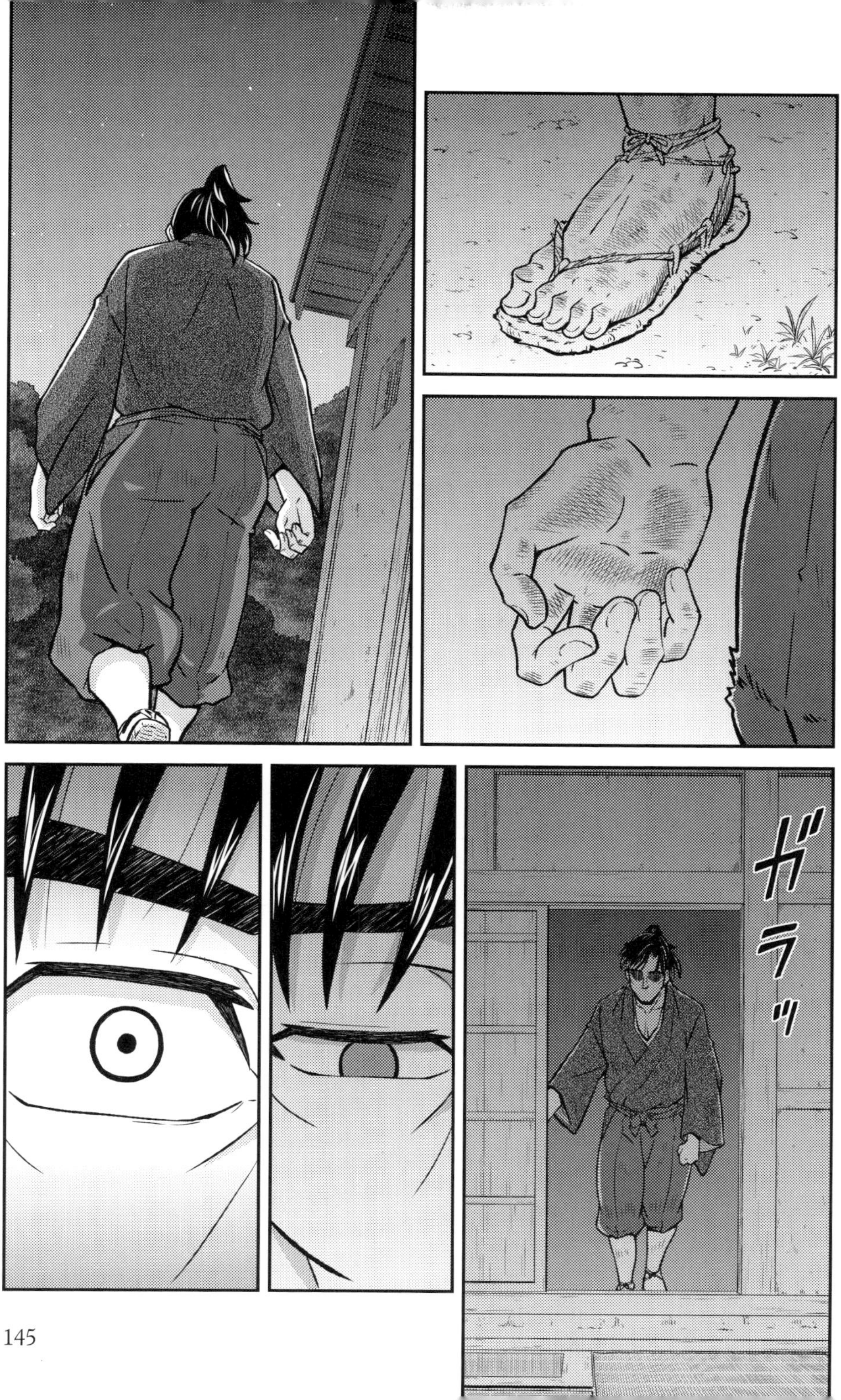
ガラッ

?!
……何だ、おっ母《かあ》、どうした……
……

……ごめんね……
了顕《りょうけん》……ごめんね……
！
ダッ
お、おい、おっ母《かあ》、しっかりしろ！
ごめんね……
……了顕《りょうけん》……
ごめんね……

ごめんね……
ごめんね……
ごめんね……
ごめんね……

……千代！

千代……！
待ってくれ！
俺《おれ》も……
おまえたちと！

千代……？
待ってくれ！
千代！
千代ぉおおおおおおお！

了《りょう》顕《けん》さん
ミーーン
ミーーン
了顕《りょうけん》さん！
ミーーン
ミーーン
ああ……
ハナか……

千代も
お母さんも
亡《な》くなって……
……
本当に
何と言ったら
いいか……
……
了顕《りょうけん》さん！
もしよかったら
明日《あした》……
蓮如《れんによ》さまの
お話を聞きに
行かない？

蓮《れん》……
如《にょ》さま……？
私と千代が
ずっとお話を聞かせていただいている方よ……
俺《おれ》は……坊主《ぼうず》が嫌《きら》いなんだ

千代が
何を願って生きていたのか
知りたいと思わない？

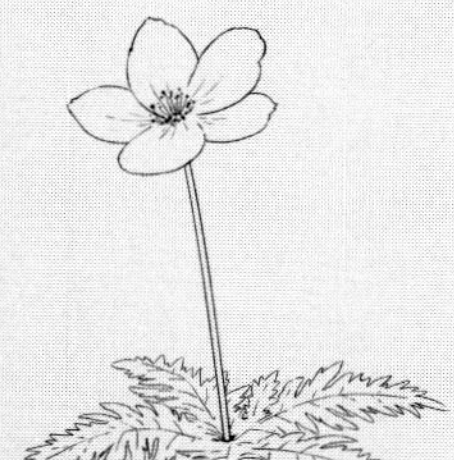

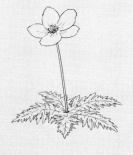

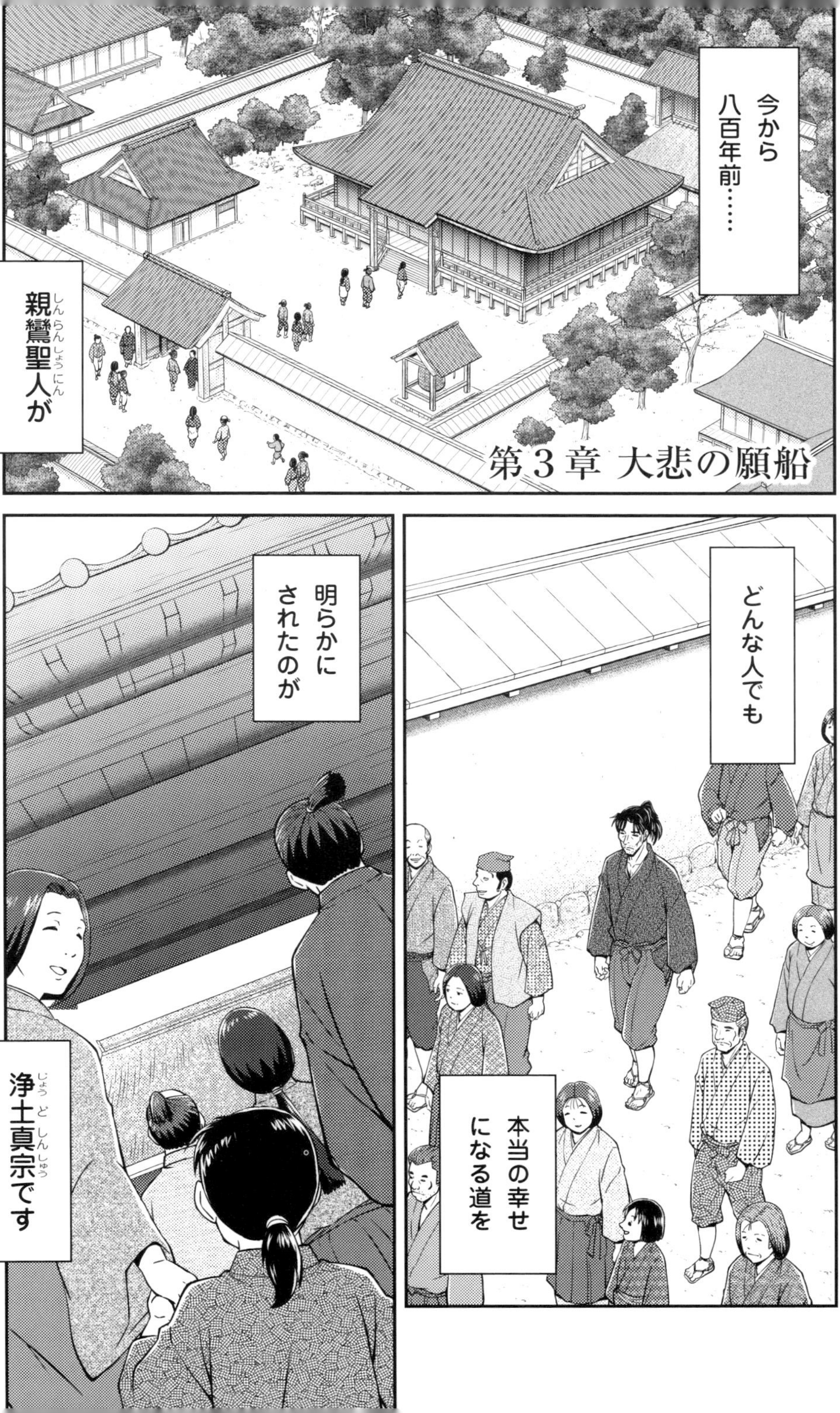
今から
八百年前……
親鸞《しんらん》聖人《しょうにん》が
第3章 大悲の願船
どんな人でも
本当の幸せ
になる道を
明らかに
されたのが
浄土真宗《じょうどしんしゅう》です

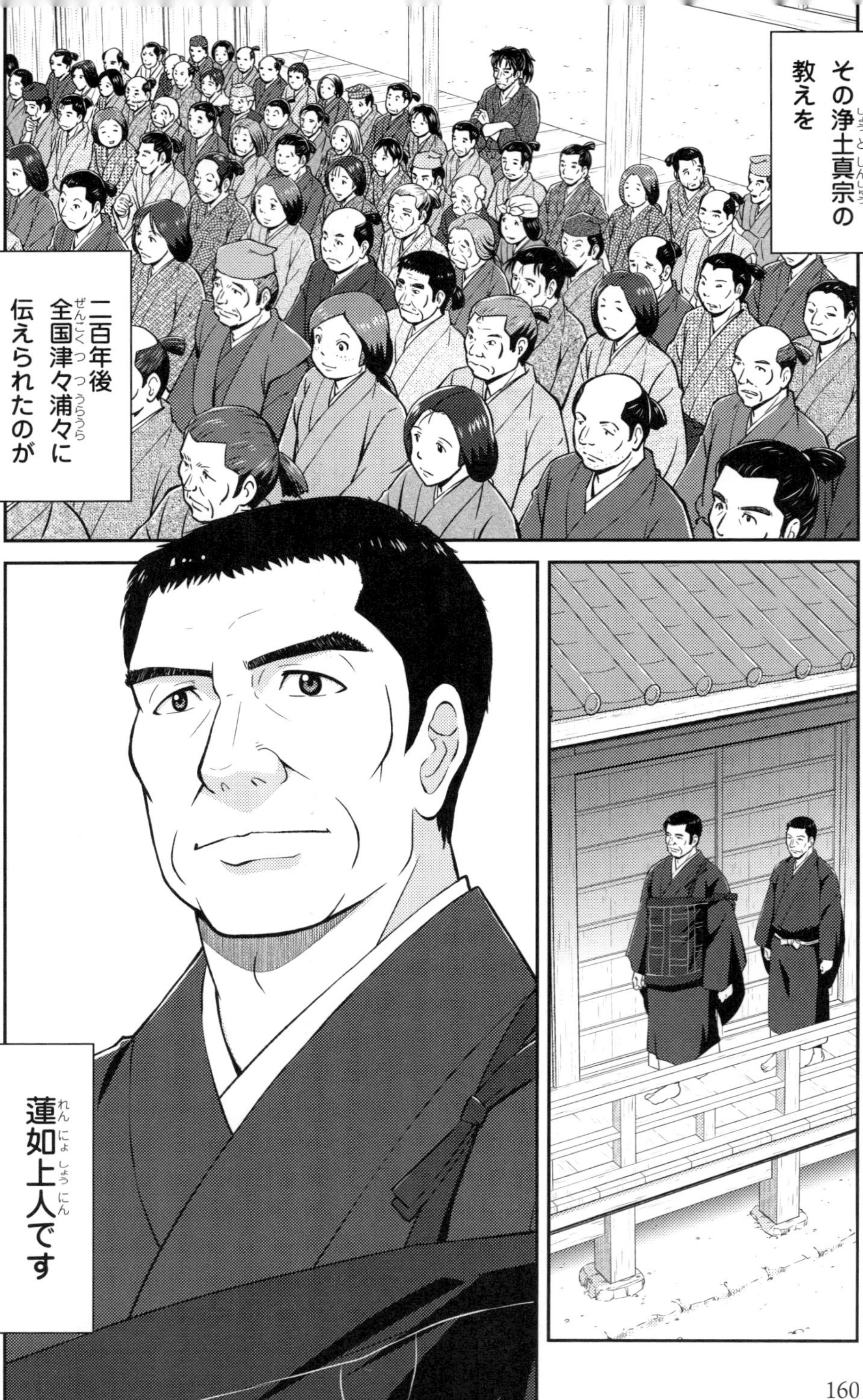
その浄土《じょうど》真宗《しんしゅう》の教えを
二百年後 全国《ぜんこく》津々《つつ》浦々《うらうら》に 伝えられたのが
蓮如上人《れんにょしょうにん》です

了顕《りょうけん》が初めて仏法を聞いたのは
南无阿彌陀佛
その蓮如上人《れんにょしょうにん》四十四歳《さい》の時でした
この人が……
蓮如《れんにょ》か……
皆《みな》さん！
親鸞聖人《しんらんしょうにん》の教えはただ一つ！

なぜ生きる！

「なぜ生きる」の答えでした！

なぜ生きる!?
私たちは……
何のために生まれてきたのか？
何のために生きているのか？

苦しくても
なぜ生きなければ
ならないのでしょうか？
誰《だれ》もが知りたい
ことでしょう……
それに
答えられたのが
親《しん》鸞《らん》聖《しょう》人《にん》なのです！

難度の海を度する大船
難思《なんし》の弘誓《ぐぜい》は難度《なんど》の海《うみ》を度《ど》する大船《たいせん》！
『教行信証《きょうぎょうしんしょう》』の最初に親鸞聖人《しんらんしょうにん》はこうおっしゃっています！

親鸞聖人《しんらんしょうにん》がここに
難度の海
「難度《なんど》の海《うみ》」と言われているのは
苦しみの絶えない人生を
荒波《あらなみ》の絶えない海に例えられているのです

すべての人はね。
生まれた時に
この大海原《おおうなばら》に放り出されるのだと
プハァ
親鸞聖人《しんらんしょうにん》は仰《おお》せです
大海原《おおうなばら》に放り出された私たちは

一生懸命《いっしょうけんめい》泳がなければなりません
ここで、一生懸命《いっしょうけんめい》泳ぐとは
私たちが一生懸命《いっしょうけんめい》生きることを
例えられているのです
では……
何に向かって泳ぐのか

空と水しか見えない
大海原《おおうなばら》ですからね
全く方角が立ちません
だけどね皆《みな》さん！
泳がなければ沈《しず》むだけ
私たちは一生懸命《いっしょうけんめい》泳がなければなりません

しかし……何の方角も分からず
むやみやたらに泳いでおれば
どうなるでしょう?
やがて身も心も力尽《ちからつ》き
土左衛門《どざえもん》になるのは明らかでしょう

そうと分かっていても皆《みな》さん！
私たちは、泳ぐしかないのです……
……
ええっ、それはどういうことや？
泳《およ》ぎ疲《つか》れた私たちは
近くの浮《う》いた物にすがらずにはおれません

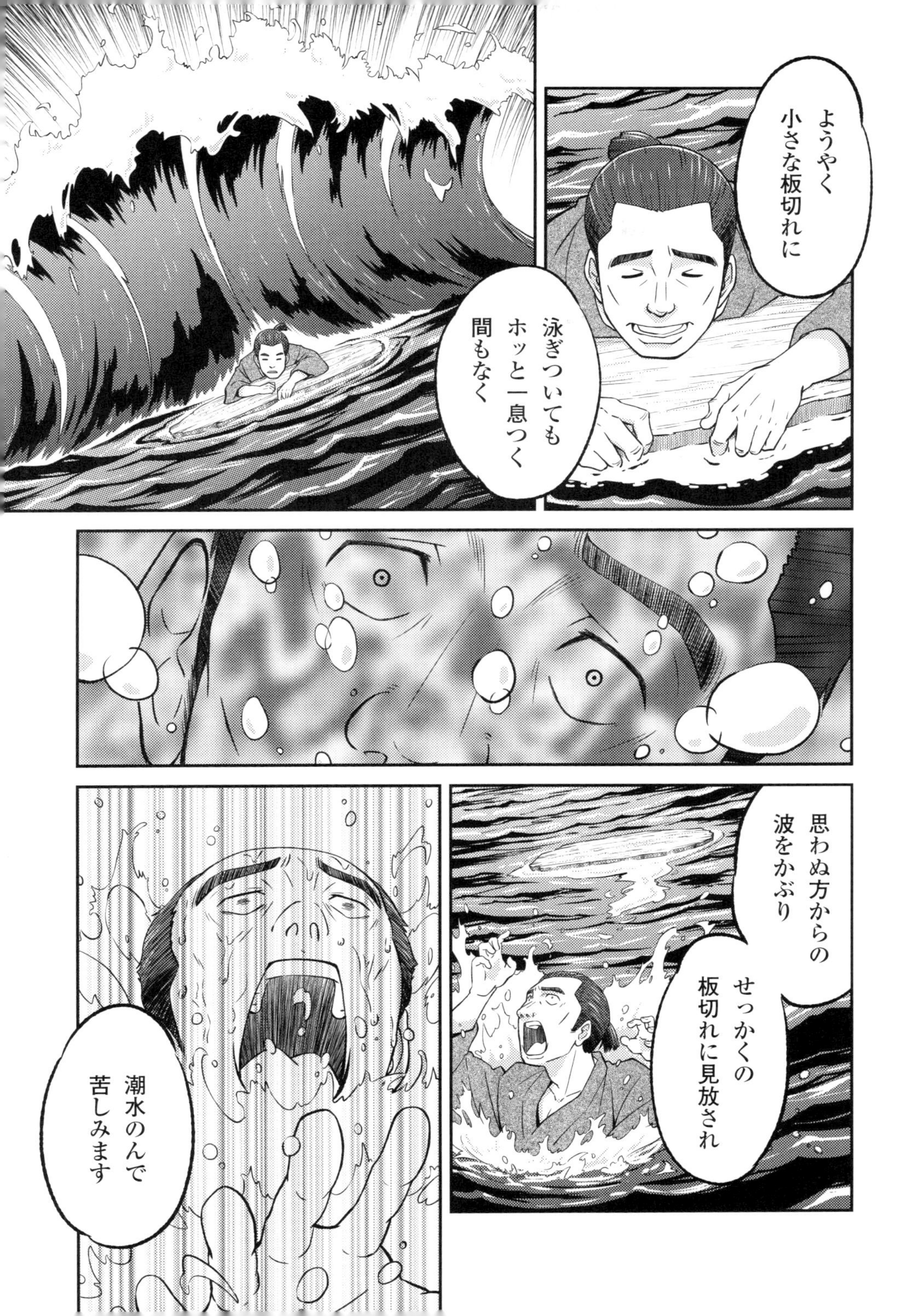
ようやく小さな板切れに
泳ぎついてもホッと一息つく間もなく
思わぬ方からの波をかぶり
せっかくの板切れに見放され
潮水のんで苦しみます

あぁ、
あれは板切れが
小さかったからだ
と思い直し……
もっと大きな
丸太ん棒を求めて
泳ぎます
やっと大きな
丸太ん棒に
つかまって
いい気分に
浮《う》かれていると

さらに大きな波に襲《おそ》われ
また潮水のんで苦しみます
もっともっと大きな丸太ん棒なら……
こんなことにはならなかったのにと

死ぬまで
夢のまた夢に
取りつかれ
苦しみの難度《なんど》の海《うみ》は
果てしがないのです
丸太ん棒？
板切れ？

そうですよ
皆《みな》さん！
私たちは
何かをあて力にし、
生きがいにしなければ
生きてはいけません
皆《みな》さんも
そうでしょう？
それぞれ何か
生きがいを持って
いるでしょう？
わしは
自分で稼《かせ》いだ
金だ！
金がなければ
生きられん！
私は
かわいい子供よ！
あの子を
一人前《いちにんまえ》にして
やらなければ！
俺《おれ》は……

俺《おれ》はおいしい物をたらふく食うことだ！
いい嫁《よめ》さん見つけることかなあ
健康！健康が何よりも大事よね
出世じゃ！出世こそ男の本懐《ほんかい》！

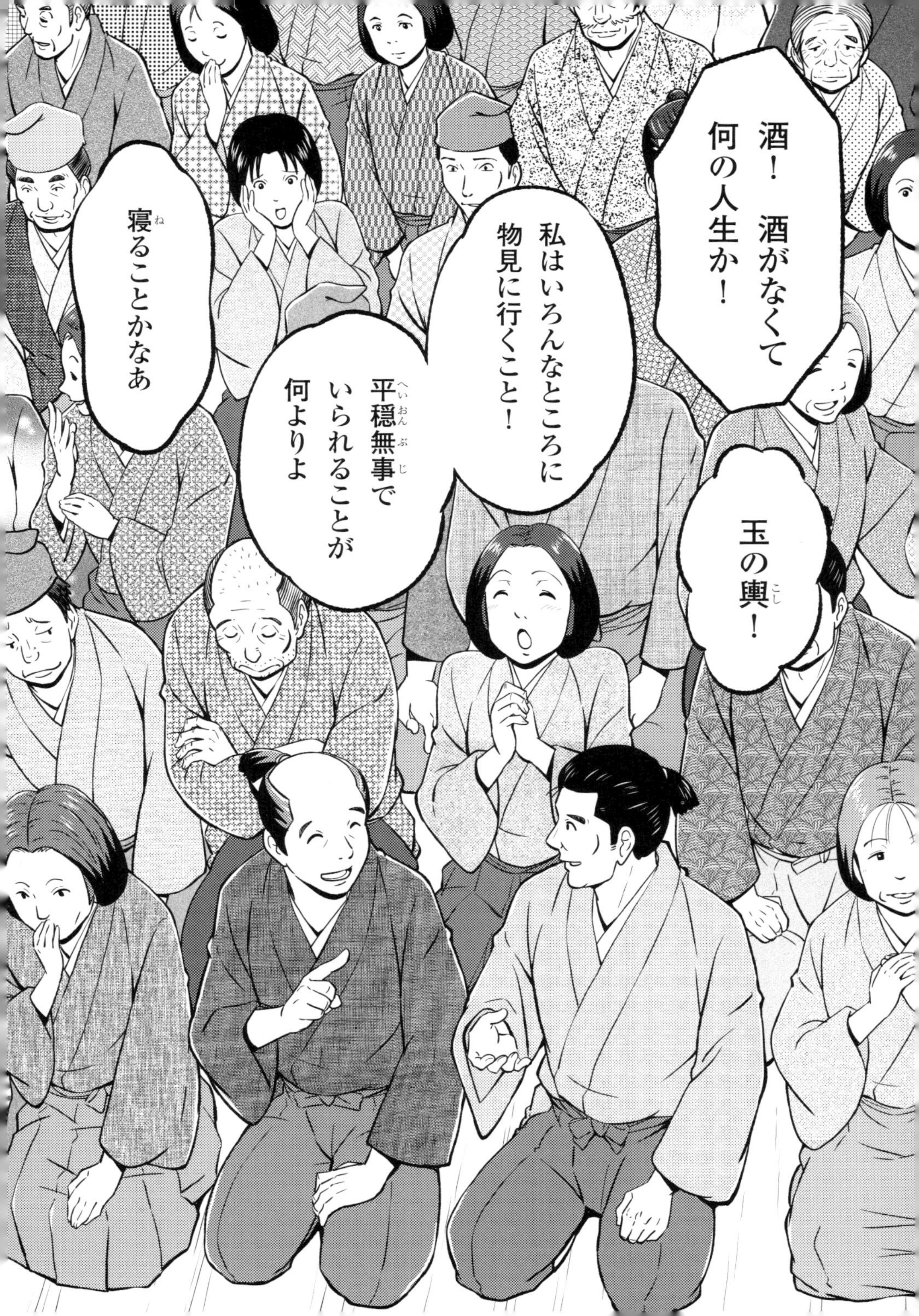
酒！ 酒がなくて何の人生か！
私はいろんなところに物見に行くこと！
玉の輿《こし》！
平穏無事《へいおんぶじ》でいられることが何よりよ
寝《ね》ることかなあ

親鸞《しんらん》聖人《しょうにん》はね、
そんな妻や子供や金や財産などは

みんな大海に浮《う》いている
板切れや丸太ん棒だと言われていますよ

皆《みな》さん……
……
親鸞聖人《しんらんしょうにん》の常の仰《おお》せをご存じでしょう?
よろずのこと みなもって そらごと たわごと まことあることなし
と、断言されています!

妻や……
子供が
丸太ん棒？
なぜ
親鸞聖人《しんらんしょうにん》は
家族やお金を
難度の海を
丸太ん棒や板切れと
おっしゃったのか？
それはねえ……
ゴクッ…

夫や妻を
頼《たよ》りにしていても
死に別れもあれば
生き別れもある

生きがいに育てた子供も
大きくなれば親の思いどおりにはならんでしょう？
大事な人が突然《とつぜん》病気や災害で亡《な》くなり
苦しんでいる人もあるでしょう

いよいよ死んでいく時は

板切れや丸太ん棒から引き離《ひはな》されるように
私たちは平生《へいぜい》頼《たよ》りにしていたものから
すべて見放され
潮水のんで苦しまなければならないからです！

ハッ
……
ぐっ……
だが……
何かを求めて
泳ぐしかなかろう！

皆《みな》さん
私たちは
やがて必ず
土左衛門《どざえもん》に
ならなければ
ならないのに
どう泳げば
よいのか
泳ぎ方しか
考えてはおりません

私たちは生まれると同時に
どう生きるかに一生懸命《いっしょうけんめい》です
少しでも元気がないと
「頑張《がんば》って生きよ」と
励《はげ》ますでしょう

だが
少し考えてみれば
おかしなことです

やがて必ず
オオオオ…

死ななければならないのに
オォォォ。
なぜ苦しくても生きなければならないのでしょうか？
おかしな話ではありませんか？

この私たちの
最も知りたい疑問に
答えられたのが
親鸞聖人《しんらんしょうにん》
なのですよ
親鸞聖人《しんらんしょうにん》はね
どんなに苦しくても
生きなければならないのは

私たちにはとっても
大事な目的があるからだと
懇《ねんご》ろに教えられています
その肝心《かんじん》の
生きる目的を知らなければ

生きる意味が
なくなるではありませんか？皆《みな》さん！

……なぜ生きる？
俺《おれ》は一体、どこへ向かって……
おっ父《とう》……
おっ母《かあ》……

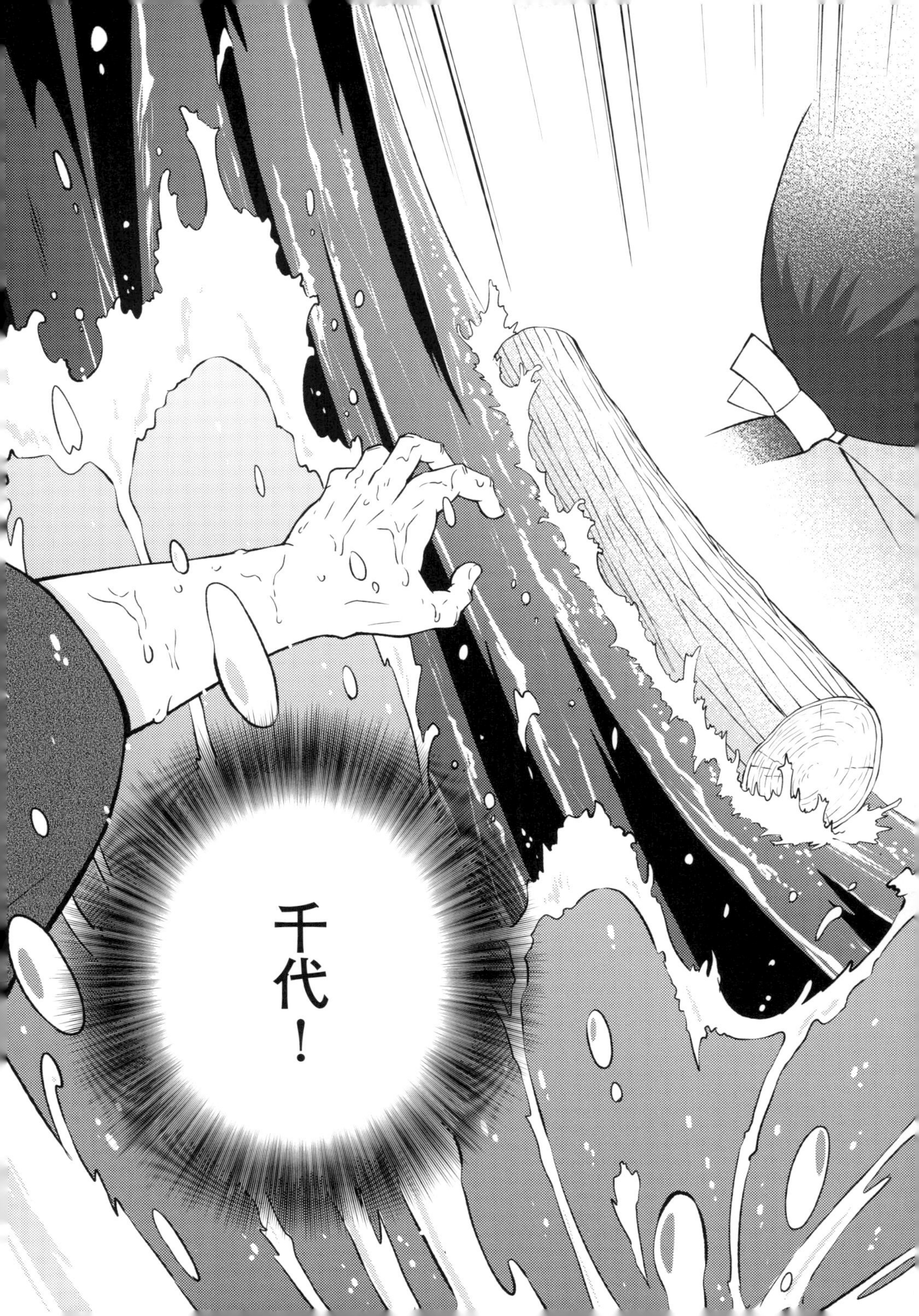
千代！

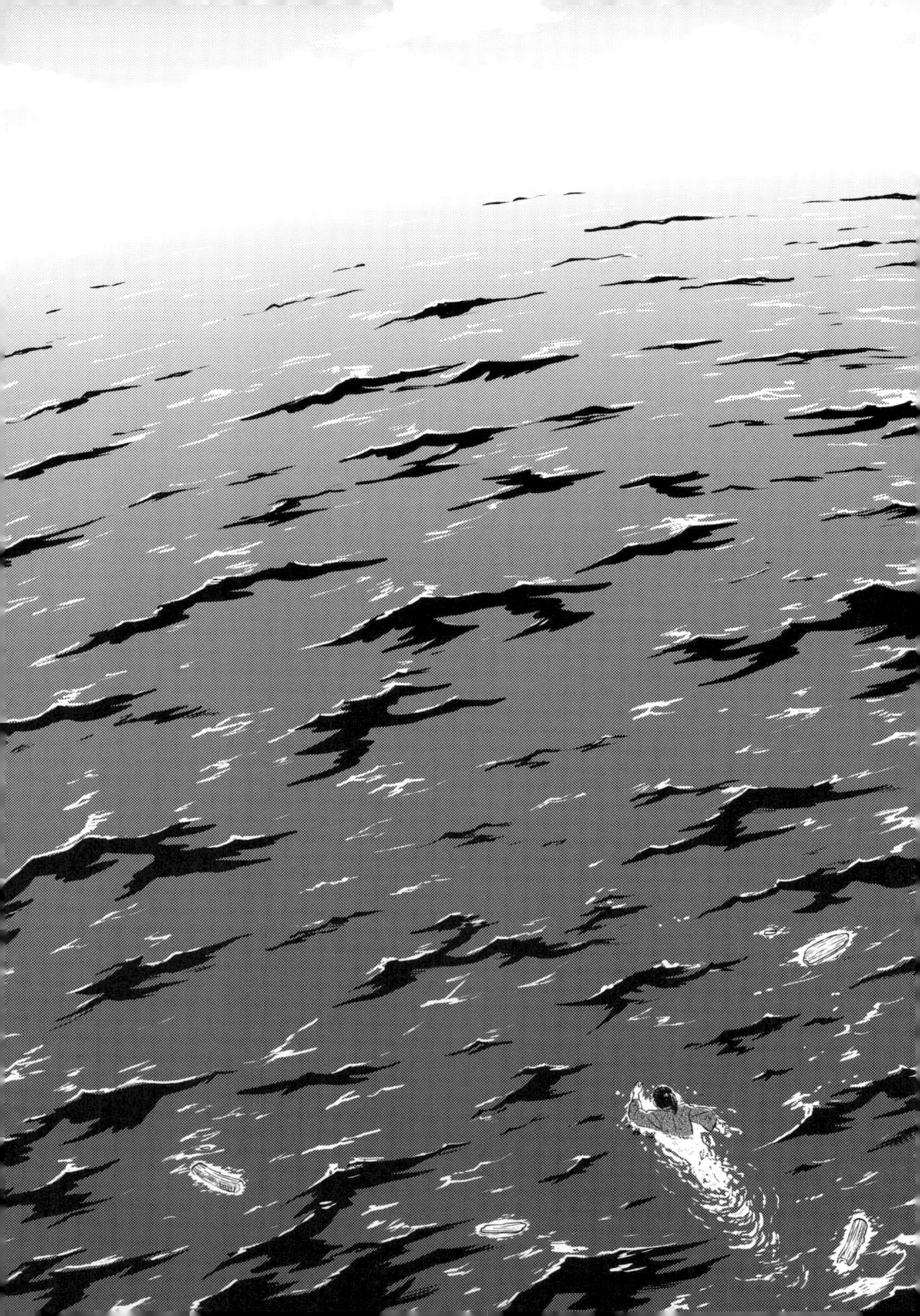

あいつは丸太ん棒なんかじゃない！
ダッ

ハッ
!

待って！
了顕《りょうけん》さん！
ふん！
千代のことを丸太ん棒だと言いやがって！
妻や子供を大切にしてどこが悪いんだ！

そういう
意味じゃないの！
千代
だけでなく！
あなただって
やがて
死んでいくのよ
！
死んでいく時は
すべてから見放されて
苦しむと
教えて
いただいたでしょ？
これが
「生きる目的」だった
といえるものを
持っているの？
うるさい！
そんなこと
俺《おれ》には
関係ない！

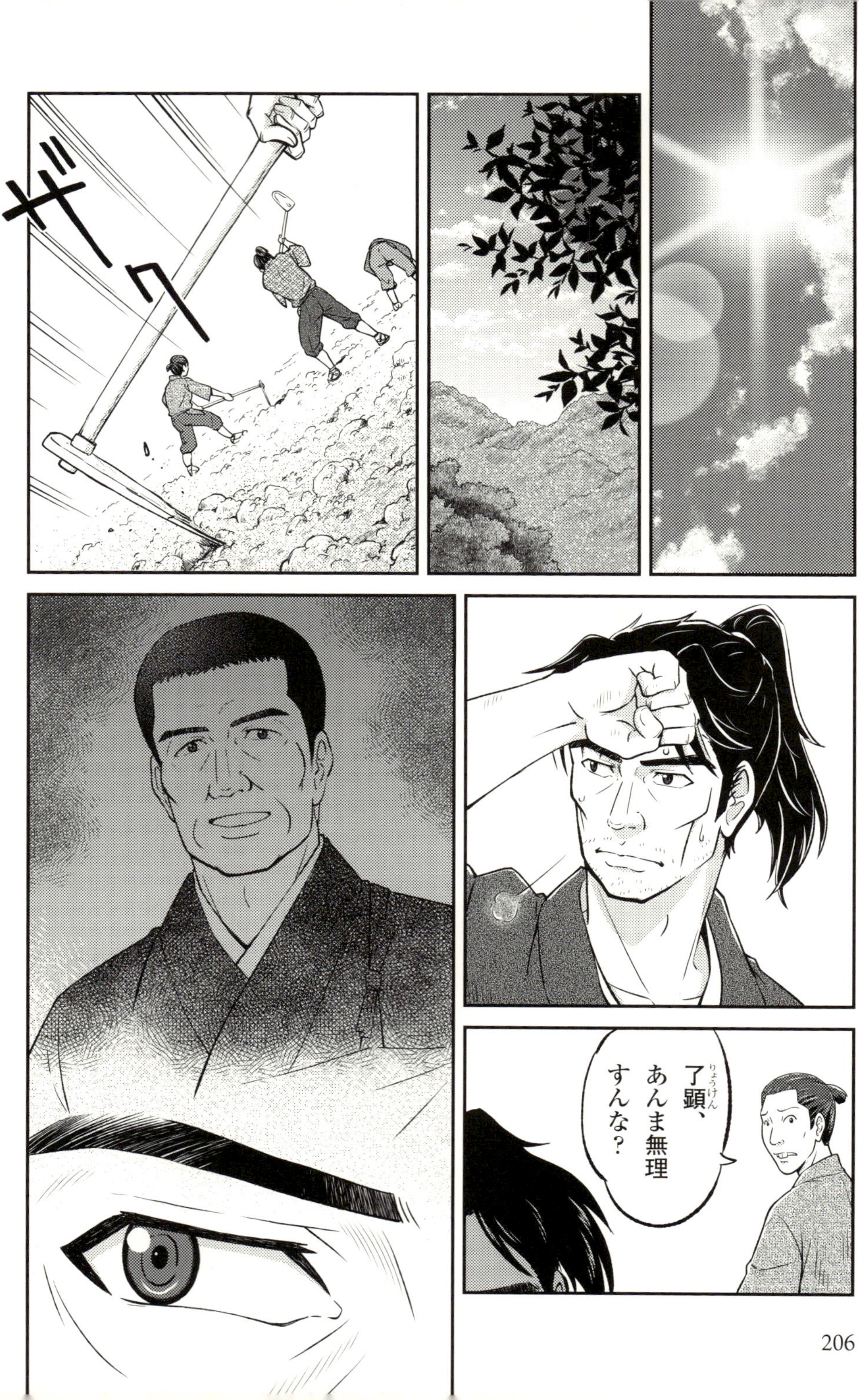
ザーク
了顕《りょうけん》、あんま無理すんな？

蓮如《れんにょ》さまが
!
丸太ん棒や板切れって
おっしゃっていたのは
ありゃどういうことだ?
おまえ、ちゃんとお話を聞いてたのか?
丸太ん棒や板切れというのはな
生きるためには必要なものなんだけれども、
ほんのしばらくしか
安心や満足を与《あた》えてくれないんだ
家や財産みたいなものだな

へえ……
確かに家がなけりゃ暮らしていけねえや
俺《おれ》にとってのかかあみたいなもんか
ニヤニヤ
おまえがどれだけかかあを大事にしているか知らんが、
まあ……そういうことだな
家や財産は
火事で焼けたり
台風で壊《こわ》されたりしてしまう
かかあもいつかは死んじまうもんな

生きるためには必要なものなんだけれども
いつか必ず消えてなくなっちまう
そういう儚《はかな》いものを
でっかい海に浮かぶ丸太ん棒や板切れに例えられたんだ
いくら必死にしがみついていても、いつか必ず
溺《おぼ》れ死《し》ぬ時が来るんだよ

おまえ、ずいぶん賢《かしこ》くなったな
！
じゃあ、蓮如《れんにょ》さまがおっしゃっていた……
生きる目的って何なんだ？
死んでいく時に俺《おれ》を見放さないものなんて……
本当にあるのか!?
それはな……
ゴク…

俺《おれ》も知らん！
コケッ
知らんのかい！
こればっかりは続けてご法話を聞かせていただくしかないなぁ
……
とにかく、今俺《おれ》たちが生きがいにしているもんは
生きる目的ではないってことなんだよ
何だありゃあ？
……
さあ、仕事仕事！

俺《おれ》を見捨てて、
離《はな》れてゆくもの……
……
ゴロ

チチチ…

ザブ
ザブ
まあまあ……おしめは私が洗いますのに！

いやいや、たまには手伝わねばのぉ
すみません……
ん？
ザッ
あの……

ああ……
この間の法話にいらしていた方じゃな……

あの……この間はすまんことでした
ただ……
いまだにどうも分からんのです……
最近、妻を亡《な》くしました
いなくなって……
あいつと腹の中の子供が
生きがいだったと思い知らされました

それがどうして
丸太ん棒って言われるのか、
どうも？
それはねえ……
私たちはね、やがて必ず
死ななければなりません

どこにも
千年、万年、
生きている人を
聞かないでしょう?
次の世に
旅立つ時は、
妻も子供も
連れになってはくれません
この世のもの
何一つ

持っては
いけないのです
私たちは……
ただ一人で行かなければなりません……

死出《しで》の
山路《やまじ》を

……
またいつでもいらしてください！
……は、はあ……

あぁぁ
わぁ
わぁ
あぁ
あぁ

クス…
あの人は今まで見た坊主《ぼうず》とどこか違《ちが》うな……

！
了顕《りょうけん》さん！
蓮如《れんにょ》さまのご法話を
聞きに来たのね
違《ちが》う！
あの坊主《ぼうず》がどんなふうに人をだますか見物に来ただけだ

フン
親鸞聖人《しんらんしょうにん》は
この苦しみの
難度《なんど》の海《うみ》を

極《ごく》楽《らく》浄《じょう》土《ど》まで楽しく渡《わた》す
大きな船があるのだよと

断言されています

この大船《たいせん》はね
難度《なんど》の海《うみ》に苦しむ私たちを乗せて
ぐぐ…
極楽浄土《ごくらくじょうど》まで渡《わた》すために
阿弥陀仏《あみだぶつ》の本願《ほんがん》によって造られた船です！
だから親鸞聖人《しんらんしょうにん》は
この大船《たいせん》のことを

大《だい》悲《ひ》の願《がん》船《せん》

私たちには
悲しいことに……
この大悲《だいひ》の願船《がんせん》を
見る眼《め》もなければ
必死に呼ばれる船長の声を
聞く耳も持ってはおりません

そんな私たちと
見抜《みぬ》かれた
阿弥陀仏《あみだぶつ》が……
必ず弥陀《みだ》の浄土《じょうど》まで
渡《わた》す大きな船を
造ったのだよ！
と仰《おお》せです！
そんな者を
そのまま
乗せて
この阿弥陀仏《あみだぶつ》の
大慈悲《だいじひ》によって
大悲《だいひ》の願船《がんせん》に
乗せられると
同時に！

ガラリ!

……と私たちの苦しみの人生は

幸せな人生に変わります！

この大船《たいせん》に乗せていただくために
私たちは
苦しくても
生《い》き抜《ぬ》かなければならないのです
仏法聞くのは
これ一つのためなのですよ

その大悲《だいひ》の願船《がんせん》に
いっ
乗せてもらえるのかいな
それは……
平生《へいぜい》
生きている……
今のことですよ

今！
この大船《たいせん》に乗せていただき……
どんなことがあっても
変わらぬ
絶対の幸福になることを

平《へい》生《ぜい》業《ごう》成《じょう》
成業生平
成業生平
……と親鸞聖人《しんらんしょうにん》は言われています

平生業成《へいぜいごうじょう》……
……
私たちは……
この平生業成《へいぜいごうじょう》の身になるために
この世に生まれてきたのですよ

ザザッ
ザザッ
ザザッ
ザザァァァ
では……

どうすれば
この大悲《だいひ》の願船《がんせん》に乗せてもらえるのか？

今からお話しいたしましょう
お釈迦《しゃか》さまも
親鸞聖人《しんらんしょうにん》も

阿弥陀仏《あみだぶつ》の本願《ほんがん》を
聞く一つで

この大船《たいせん》に乗せていただけるのだよと教えられています

「聞く一つで大船《たいせん》に乗せる」ということは
阿弥陀仏《あみだぶつ》の命を懸《か》けたお約束だからです

ですから
最も
大事なことは
真剣《しんけん》に
よくよく
阿弥陀仏《あみだぶつ》の本願を聞くことが
肝要《かんよう》なのです

え？本当に聞くだけで
大悲《だいひ》の願船《がんせん》に乗せてもらえるのかいいな？
私も乗せてもらえるのかしら
そうそう……
「こんな私でも本当に乗せてもらえるのだろうか？」
と思われるでしょうが
ああ、そうそう

ほら、あそこをごらんなさい

雨だれで石に穴が開いているでしょう

あんな軟《やわ》らかい水でも
続いて同じ所に雨だれが落ちると
硬《かた》い石にも穴が開くのですよ
いろいろの一切《いっさい》の計らいを
捨てて

南无阿彌陀佛
親鸞
阿弥陀仏《あみだぶつ》一仏《いちぶつ》に向かって
一心に
お聞きください
聞く一念の瞬間《しゅんかん》に

阿弥陀仏《あみだぶつ》は
そのままの姿で
大船《たいせん》に乗せてくださるのですよ

この阿弥陀《あみだ》如来《にょらい》の広大なご恩を詠《うた》われたのが
親鸞《しんらん》聖人《しょうにん》の恩徳讃《おんどくさん》です
ここに「身《み》を粉《こ》にしても」とおっしゃる
恩徳讃
如来大悲の恩徳は
身を粉にしても
報ずべし
「如来《にょらい》大悲《だいひ》の恩徳《おんどく》」とはね

平生業成
すべての仏から見捨てられた私たちをただ一人助けてくだされた
南无阿彌陀佛
恩徳讃
如来大悲の恩徳は
阿弥陀《あみだ》如来《にょらい》のご恩のことです

例えばね、
すべての医者から
見捨てられた難病人が
一人の名医によって
全快すると
その名医のご恩を
深く感ずるのと
同じです

ただ……
違《ちが》うのはね
ポッ
ポッ
阿弥陀仏《あみだぶつ》の
救いは……
肉体の
救いとは
比較《ひかく》にならぬ

永遠の命が救われる
ご恩ですからね

無限に大きくて……
深いものなのですよ

「骨《ほね》を砕《くだ》きても」と おっしゃる
師主知識の恩徳も 骨を砕きても 謝すべし
「師主知識《ししゅちしき》の恩徳《おんどく》」とはね……
そんな阿弥陀仏《あみだぶつ》のましますことを
教えてくだされた方々の
深いご恩を言われたものです

先の医者の例えでいえばね
世界にただ一人の名医のいることを
教えてくだされた人々のご恩のことです
それでは
今日《きょう》はこれまでと致《いた》しましょうか

如来《にょらい》大悲《だいひ》の～
！
恩徳《おんどく》は～
ああ……
そうか……

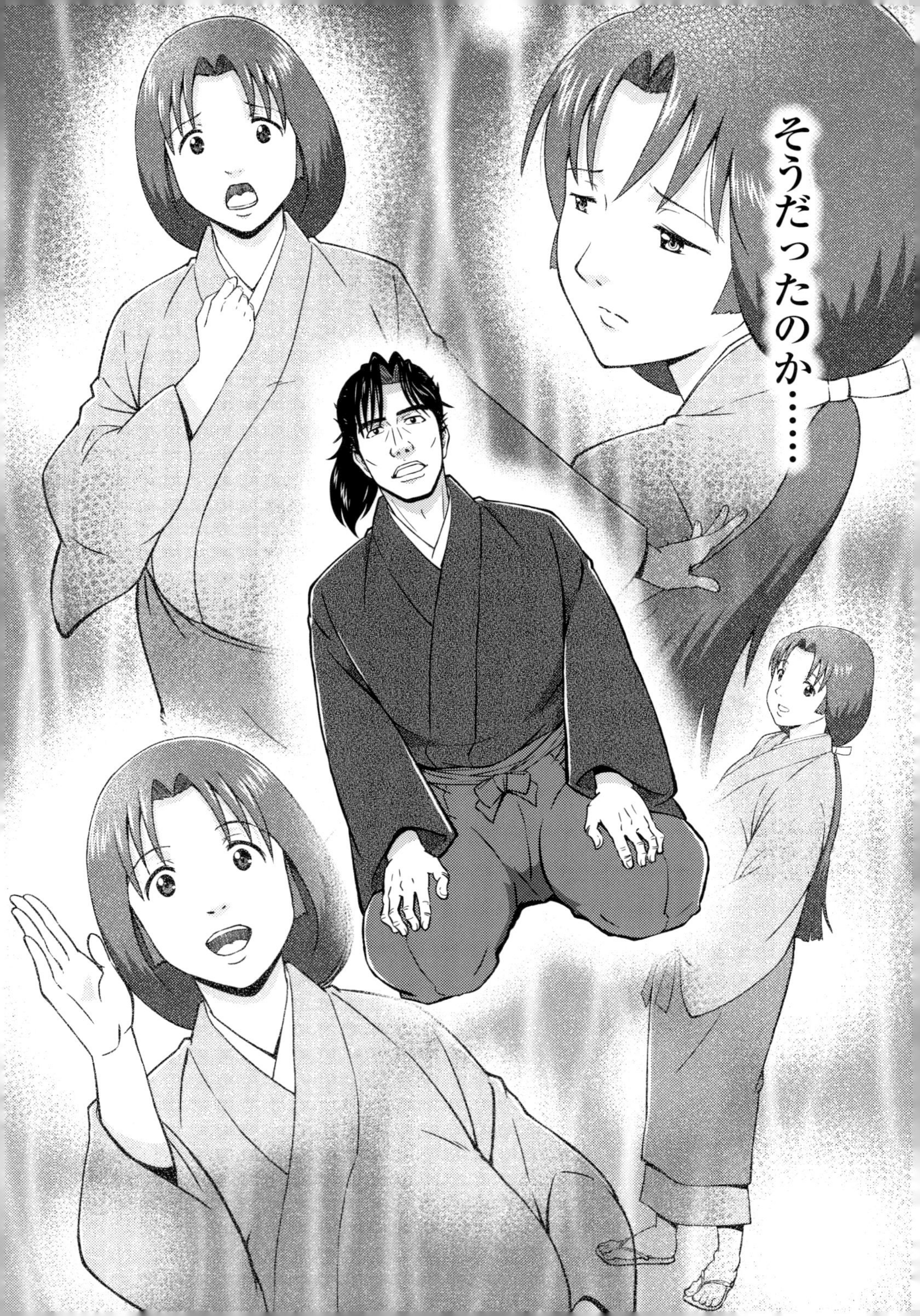
そうだったのか……

千代が何を願って
生きていたのか
身《み》を粉《こ》に
しても〜

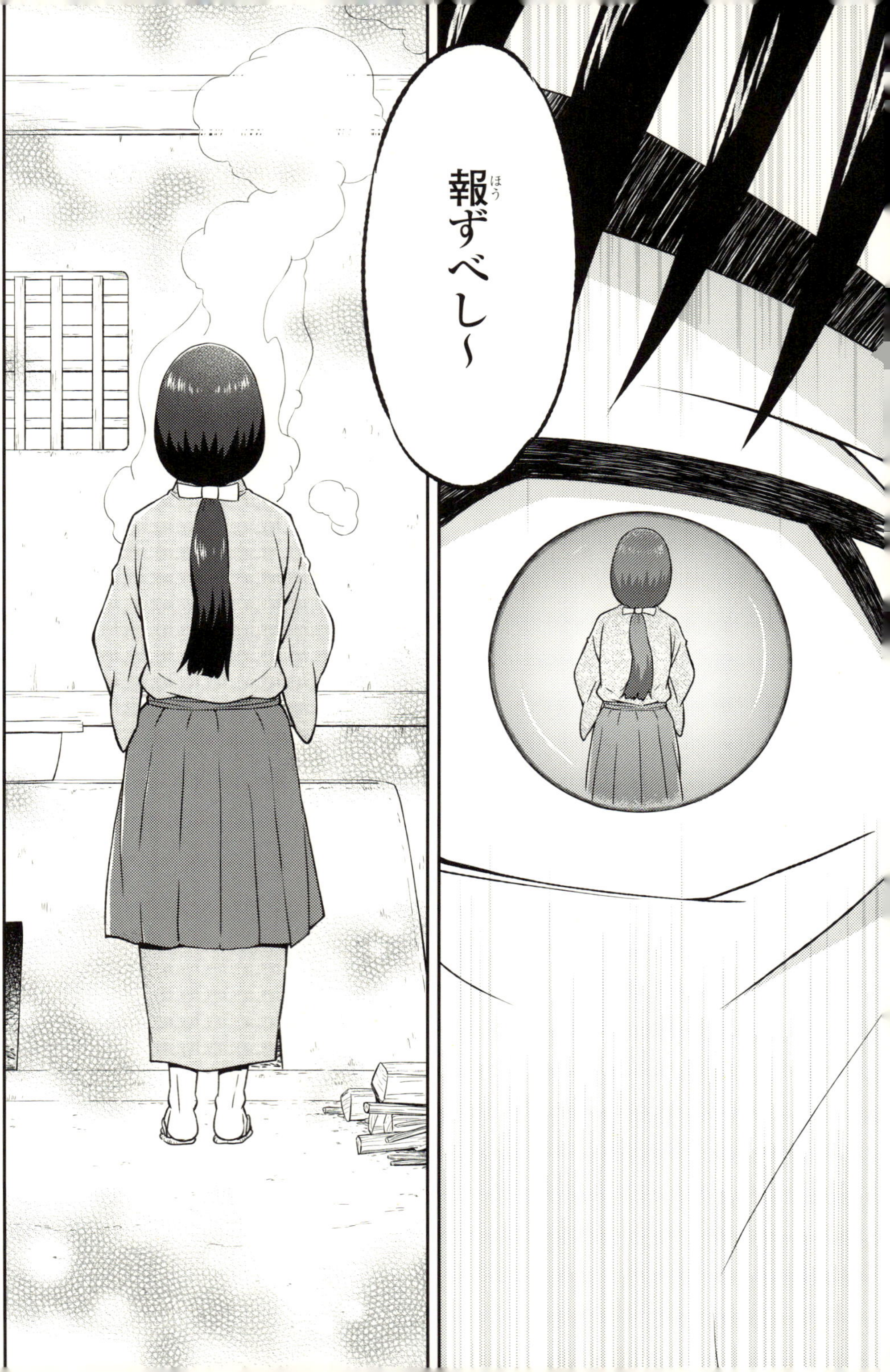
報《ほう》ずべし～

師主知識《ししゅちしき》の
千代……
恩徳《おんどく》も～

千代……
おまえの願いが
今、分かったよ……

お帰りなさい……あなた
骨《ほね》を砕《くだ》きても
謝《しゃ》すべし〜

ザッ
?

大船《たいせん》があることを、俺《おれ》に、伝えようとしていたんだな……

千代！

漫画 なぜ生きる
誕生までの経緯と
アニメ映画の反響

漫画 なぜ生きる 誕生までの経緯

原作書籍

平成13年4月発刊

『なぜ生きる』

監修 高森顕徹
著者 明橋大二
伊藤健太郎

人生の目的は何か。
こんな毎日のくり返しに、
どんな意味があるのだろう?

平成25年12月発刊

『なぜ生きる2』

著者 高森顕徹

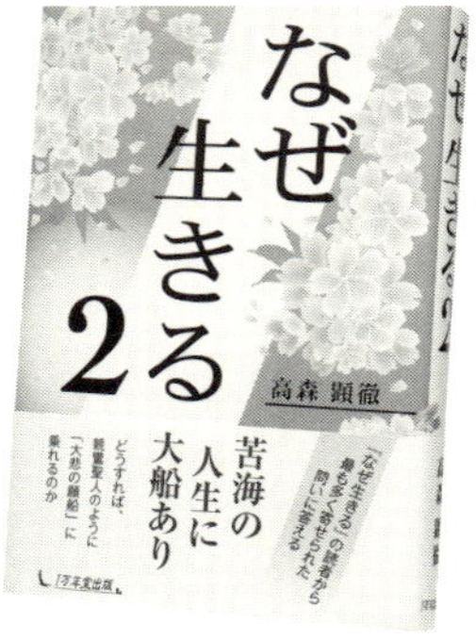

『なぜ生きる』の読者から
最も多く寄せられた
問いに答える。
「苦海の人生に大船あり」

アニメ映画化

平成28年5月公開

劇場版アニメーション

なぜ生きる

蓮如上人と吉崎炎上

『なぜ生きる』シリーズ100万部突破を記念してアニメ映画化。全国の映画館で上映。29週連続上映を記録。

なぜ生きる
— 蓮如上人と吉崎炎上 —
「人は、なぜ生きる?」
戦乱の世、その答えに命を懸けた男たちがいた…
800年の時を超えて、いま明かされる歴史の真実!
里見浩太朗
小西克幸
田中秀幸
藤村歩
関貴昭
nazeikiru-eiga.com
100万部突破の驚異の書籍『なぜ生きる』遂に映画化!

（声の出演）
蓮如上人／里見浩太朗
了顕／小西克幸
法敬房／田中秀幸
千代／藤村 歩
道宗／関 貴昭
語り／鈴木弘子

脚本／高森顕徹
プロデューサー／追分史朗
監督／大庭秀昭
音楽／長谷部徹　音響監督／本田保則
音楽制作／ミラクル・バス
題字・書／木村泰山
制作／パラダイス・カフェ
アニメーション制作／スタジオディーン
製作／「なぜ生きる」製作委員会2016
原作／『なぜ生きる』（1万年堂出版）

映画の漫画化

平成31年4月発刊

漫画

なぜ生きる

蓮如上人と吉崎炎上（前編）

脚本　和田清人
漫画　太田 寿
構成　大部慧史

映画「なぜ生きる」は、命のメッセージ！

生きる意味を必死に探し求める青年・了顕は、今を彷徨《さまよ》う私たちの姿……

精神科医
明橋大二
（『なぜ生きる』の著者）

精神疾患《せいしんしっかん》を患《わずら》い、「世界が終わったような生活を送っていた頃《ころ》に残されていたのが音楽と今の仲間だった」ことから、Fukaseが名づけた「SEKAI NO OWARI」（世界の終わり）という名のバンドは、ポップな曲に似合わぬ重い歌詞で、多くの若者の共感を得ています。

私の診察室《しんさつしつ》にも、「何のために生きなきゃならないか分からない」「どうして死んではいけないの？」と問う人が、大人子どもを問わず、毎日のようにやってきます。

目的地なしに走り続けることが地獄《じごく》であるように、目的なしに生きることほど、苦しい人生はありません。

「何のために生きるのか」「生きている意味は何か」

これは、人類永遠のテーマであると同時に、現代を生きる私たちにとって、極めて切実で、リアルな問題でもあります。

むしろ、かつては巧妙《こうみょう》に目隠《めかく》しされていた現実が、ネットや情報技術の発展によって、白日のもとにさらされた、それが現代だといえるかもしれません。

だからこそ「なぜ生きる」を問うたこの書が、発売十五年を経過してなお、老若男女の共感を呼び続けることになったのだと思います。

このたび、この『なぜ生きる』が、「吉崎炎上《よしざきえんじょう》」という歴史上の事実をもとに、映画化されました。

舞台《ぶたい》は、今から五百年前ではありますが、この世の激しい無常を知らされ、生きる意味を必死に探し求めた青年の姿は、今を彷徨《さまよ》う私たちの姿と、まるで二重写しのようです。

一人でも多くの人に、この命のメッセージが届くことを願ってやみません。

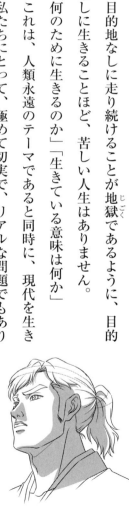

「なぜ生きる」の答えを知れば、どんなにつらく、苦しくても、生きる力がわいてくるのです！

哲学者
伊藤健太郎
（『なぜ生きる』の著者）

何も信じられなくなった今日《こんにち》、真の希望があるとすれば、「なぜ生きる」の答えではないでしょうか。

私たちは何のために生まれ、生きているのか。どんなに苦しくとも、なぜ生きねばならないのか。生きる意味も理由も分からぬまま、いくら生活が便利になり、経済が繁栄《はんえい》しても、それがそのまま幸せといえないことは、日本が身をもって学んだことです。

試験を乗《の》り越《こ》え、就職難をくぐり抜《ぬ》け、結婚《けっこん》、マイホーム、子育て、ローンの返済。その先に、どんな光があるのでしょう。自分や家族が癌《がん》になるやら、認知症《にんちしょう》になるやら、介護《かいご》や年金の心配も絶えません。想定外の災害や、テロの不安もあります。昔も今も、心の中は戦争状態です。

「頑張《がんば》れば幸せになれる」「上を向いて歩こう」というフレーズは、右肩上《みぎかたあ》がりだった昭和の一コマでは通用しましたが、今は空《むな》しく響《ひび》きます。日本でも格

差が広がり、いわゆる貧困層の割合が増えました。家庭の事情で夢を捨てた少年少女に、生きる希望を与《あた》えるのは、大人の役目です。それには、「そのうち、いいことがあるよ」という、根拠《こんきょ》のない励《はげ》ましは無効でしょう。

努力の報われる保証は、どこにもないのに、なぜ学校や塾《じゅく》に通うのか。リストラや倒産《とうさん》におびえつつ、何のために働くのか。生きる目的が分からなければ、自殺を止めることも、テロに走る若者を諭《さと》すこともできません。

「なぜ生きる」の答えを知れば、勉強も仕事も「このためだ」と目的がハッキリしますから、すべての行為《こうい》が意味を持ち、心から充実《じゅうじつ》した人生になります。病気がつらくても、人間関係に落《お》ち込《こ》んでも、競争に敗れても、「大目的を果たすため、乗《の》り越《こ》えなければ！」と〝生きる力〟がわいてくるのです。

時代と国を問わず、子供から大人まで、最も大事な「生きる目的」を論じた原作『なぜ生きる』は、幸い広範《こうはん》な読者に迎《むか》えられました。その核心《かくしん》を、歴史の事実を通して描《えが》いたのが、このアニメーション映画です。

朝の来ない夜はありません。どんな人にも、「人間に生まれてよかった」と喜べる日が、必ず来ます。

映画「なぜ生きる　蓮如上人《れんにょしょうにん》と吉崎炎上《よしざきえんじょう》」、本物の生きる勇気を届けます。

アニメ映画「なぜ生きる」
海の例えを〝脚本〟で再確認

映画館で、アニメ「なぜ生きる」を見た人からは、
「海の例えに感動した」
「自分の生き方を見つめ直した」
という声が多く寄せられています。
「海の例え」は、漫画版前編の本書に収められています。
映画ではどのように描かれているのでしょうか。
脚本で再現してみましょう。

本堂は、老若男女《ろうにゃくなんにょ》、武士から農民までさまざまな階層の参詣者《さんけいしゃ》であふれている。
不精髭《ぶしょうひげ》にボロ着姿の了顕《りょうけん》、腕組《うでぐ》みをして入り口付近に立っている。

中央にいるハナが、中へ入るように手招きするが、了顕《りょうけん》は、首を振《ふ》って動かない。

墨染《すみぞ》めの衣《ころも》を着た蓮如上人《れんにょしょうにん》が、本堂に入って来られると、ざわついていた堂内が静まり返る。

蓮如上人《れんにょしょうにん》、御本尊《ごほんぞん》に合掌《がっしょう》し、参詣者《さんけいしゃ》の方を向かれる。

了　顕　「（心の中で）この人が蓮如《れんにょ》か。今まで見た坊主《ぼうず》とどこか違《ちが》うな……」

蓮如上人　「みなさん、親鸞聖人《しんらんしょうにん》の教えは唯《ただ》一つ。なぜ生きる、『なぜ生きる』の答えでした」

了　顕　「（心の中で）なぜ生きる？」

蓮如上人　「私たちは、なんのために生まれてきたのか、何のために生きているのか。苦しくても、なぜ生きねばならぬのでしょうか。誰《だれ》しもが、知りたいことでしょう。それに答えられたのが親鸞聖人《しんらんしょうにん》なのです」

親鸞聖人《しんらんしょうにん》の著書『教行信証《きょうぎょうしんしょう》』の中の一文を書き記した紙が演台の上に置かれている。蓮如上人《れんにょしょうにん》は、

その紙を押《お》し頂《いただ》き、厳《おごそ》かに読み始められる。

蓮如上人　「『難思《なんし》の弘誓《ぐぜい》は、難度《なんど》の海《うみ》を度《ど》する大船《たいせん》』。
いま拝読した『教行信証《きょうぎょうしんしょう》』の最初に、親鸞聖人《しんらんしょうにん》は、
こうおっしゃっておられます」

聴衆《ちょうしゅう》の中にはうなずく者もいれば、キョトンとしている者もいる。

了顕《りょうけん》は、蓮如上人《れんにょしょうにん》をじっと見つめている。

弟子たちが折《お》り畳《たた》まれた屏風《びょうぶ》を運んできて広げる。

そこには「難度《なんど》の海《うみ》を度《ど》する大船《たいせん》」と書かれている。

蓮如上人　「親鸞聖人《しんらんしょうにん》がここに、『難度《なんど》の海《うみ》』と言われているのは、苦しみの絶えない人生を、荒波《あらなみ》の絶えない海に例えられているのです。
すべての人はね。生まれた時に、この大海原《おおうなばら》に、放り出されるのだ、と親鸞聖人《しんらんしょうにん》は仰《おお》せです。大海に放り出された私たちは、一生懸命《いっしょうけんめい》泳がなければなりま

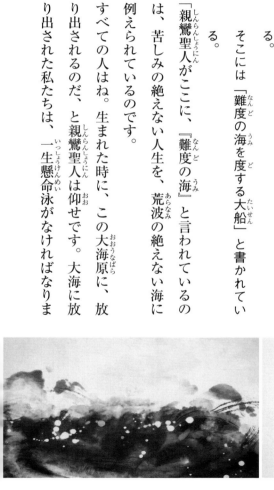

せん。
ここで一生懸命《いっしょうけんめい》泳ぐとは、私たちが、一生懸命《いっしょうけんめい》生きることを、例えられているのです。
では、何に向かって泳ぐのか。空と水しか見えない大海原《おおうなばら》ですからね、全く方角が立ちません。
だけどね、みなさん。泳がなければ沈《しず》むだけ、私たちは、一生懸命《いっしょうけんめい》泳がなければなりません。しかし、なんの方角も分からず、むやみやたらに泳いでおれば、どうなるでしょう。
やがて身も心も力尽《ちからつ》き、土左衛門《どざえもん》になるのは明らかでしょう。そうと分かっていてもみなさん、私たちは泳ぐしか、ないのです」

聴衆A　「ええっ。それは、どういうことや?」

蓮如上人　「泳《およ》ぎ疲《つか》れた私たちは、近くの浮《う》いた物に、すがらずにはおれません。
ようやく小さな板切れに泳ぎついて、ホッと一息つ

く間もなく、思わぬ方からの波をかぶり、せっかくの板切れに見放され、塩水のんで苦しみます。
あぁ、あれは、板切れが小さかったからだと思い直し、もっと大きな丸太ん棒を求めて泳ぎます。
やっと大きな丸太ん棒につかまって、いい気分に浮《う》かれていると、さらに大きな波に襲《おそ》われ、また塩水のんで苦しみます。
もっともっと大きな丸太ん棒なら……、こんなことにならなかったのにと……。死ぬまで、夢のまた夢に取りつかれ、苦しみの難度《なんど》の海《うみ》は果てしがないのです」

聴衆B女　「丸太ん棒?」

聴衆C　「板切れ?」

蓮如上人　「そうですよ、みなさん。私たちは何かをあて力《ちから》にし、生《い》き甲斐《がい》にしなければ、生きてはいけません。
みなさんも、そうでしょう。それぞれ何か、生《い》き甲《が》

斐《い》を持っているでしょう」

聴衆A　「（心の中で）わしは自分で稼《かせ》いだ金だ。金がなければ生きられん」

聴衆B女　「（心の中で）あたしは可愛《かわい》い子供よ。あの子を一人前にしてやらねば……」

蓮如上人　「親鸞聖人《しんらんしょうにん》はね、そんな妻や子供や金や財産などは、みんな大海に浮《う》いている、板切れや丸太ん棒だと言われてますよ。
みなさん親鸞聖人《しんらんしょうにん》の、常の仰《おお》せをご存じでしょう。
『よろずのこと、みなもって、そらごとたわごと、まことあることなし』
と、断言されています」

了　顕　「（心の中で）……妻や子供が、丸太ん棒!?」
蓮如上人《れんにょしょうにん》の断言に驚《おどろ》き、ざわめく聴衆《ちょうしゅう》たち。

蓮如上人　「なぜ親鸞聖人《しんらんしょうにん》は、家族やお金を、丸太ん棒や板切れとおっしゃったのか。それはねえ。夫や妻を頼《たよ》り

にしていても、死に別れもあれば、生き別れもある。生き甲斐《いがい》に育てた子供も、大きくなれば親の思いどおりにはならんでしょう。大事な人が、突然《とつぜん》、病気や災害で亡くなり、苦しんでいる人もあるでしょう。いよいよ死んでゆく時は、板切れや丸太ん棒から引き離《はな》されるように、私たちは、平生《へいぜい》、頼《たよ》りにしていたものから、すべて見放され、塩水のんで苦しまなければならないからです」

了　顕「（心の中で）だが、何かを求めて、泳ぐしかなかろう……」

蓮如上人「みなさん。私たちはやがて必ず、土左衛門《どざえもん》にならねばならぬのに、どう泳げばよいのか。泳ぎ方しか、考えておりません。
私たちは生まれると同時に、どう生きるかに一生懸《いっしょうけん》命《めい》です。少しでも元気がないと『頑張《がんば》って生きよ』と、励《はげ》ますでしょう。

だが、少し考えてみれば、おかしなことです。
やがて必ず死なねばならないのに、なぜ苦しくても生きねばならないのでしょうか。おかしな話ではありませんか。
この私たちの、最も知りたい疑問に答えられたのが、親鸞聖人《しんらんしょうにん》なのですよ。
親鸞聖人《しんらんしょうにん》はね。どんなに苦しくても、生きねばならぬのは、私たちには、とっても大事な目的があるからだと、懇《ねんご》ろに教えられています」

静かに聞き入る聴衆《ちょうしゅう》たち。

蓮如上人　「その肝心《かんじん》の、生きる目的を知らなければ、生きる意味がなくなるではありませんか、みなさん」

了顕《りょうけん》、一歩前へ踏《ふ》み出《だ》し、

了　顕　「あいつは、丸太ん棒なんかじゃない！」

憤然《ふんぜん》と叫《さけ》び、本堂から出ていく。
去っていく後ろ姿を、穏《おだ》やかに見つめられる蓮如《れんにょ》上人《しょうにん》。

「なぜ生きる」は、世界共通のテーマ ヨーロッパから感動の声

日本で、平成二十八年に劇場公開されたアニメ映画『なぜ生きる』は、翌年には南米のブラジルで上映されました。平成三十年からはヨーロッパでも順次、上映が拡大しています。

ポルトガル、スペイン、オランダ、スウェーデンから、映画「なぜ生きる」を見た人の感想が届いていますので紹介しましょう。

ポルトガル語のポスター

日本以外の国でも上映してほしい

クラウジア・シルバ
30代　女性（ポルトガル）

素晴《すば》らしい映画でした。原作本を読みたくなりました。これまで、何を目的として生きてきたのか、反省させられました。

映画の中の、海の例えが、とてもよく納得できました。海には波が絶えないように、人生にはさまざまな苦しみが、次々と現れてきます。また、海には、たくさんの板切れや、丸太が浮《う》いているように、私たちの人生には、いろいろな人との出会いや、出来事《できごと》があります。

私たちは、それらを頼《たよ》りにして生きていますが、いつか、離《はな》れていくものばかりです。

人生は、まさにそのとおりだと思いました。この世のものは、全て続かないものばかりならば、それらと違《ちが》って、ずっと続く世界がなければなりません。そうでないと、人間が、本当の幸せになれることはないからです。

この映画を見た人は、映画館を出ると、必ず「なぜ生きる」について、もっと知りたくなると思います。私は、日本以外の、多くの国でも、この映画を上映してほしいと思います。そして、さまざまな文化や宗教の人々と、この素晴《すば》らしいメッセージを共有していきたいと思います。

「なぜ生きる」の答えが知りたい

カタリーナ・ロドリゲス
20代　女性（ポルトガル）

映画「なぜ生きる」を見て、今までの人生を反省させられました。

「なぜ生きる」というテーマは、全ての人に関係する問題です。

この映画は、私たちの人生を、海に例えて、とても分かりやすく描《えが》いていると思いました。

私たちは、生まれた時から、その海に漂流《ひょうりゅう》しています。どこへ向かって泳げばいいのか、分からないままで、無理やり、泳がなければならない状態が、ずっと続いています。

私たちは、苦しみの波が絶えない海の中で、人や物の丸太にすがって、安心しようとしたり、自信をつけようとしたり、他人からほめられようとしたりしています。

しかし、人生には限りがあります。死の現実を目の前に

ポルトガル
リベルダーデ大通り

突《つ》きつけられると、空《むな》しさや、恨《うら》みしか残りません。
なぜこのような試練に耐《た》えて、生きていかなければならないのでしょうか。
何を、どうすれば、幸せな人生を送ることができるのでしょうか。難度《なんど》の海《うみ》を渡《わた》す大船《たいせん》に出会うには、どうすればよいのでしょうか。
「なぜ生きる」の答えが知りたくなりました。

子供たちに、見せたい

ジョアーナ・アビローリエ
30代　女性（ポルトガル）

私は日本が大好きで、子供の時から日本の漫画《まんが》が好きでした。しかし、これまで、真面目《まじめ》で大事な内容をテーマにしている映画や漫画《まんが》を見たことがありません。
「なぜ生きる」というテーマは、どんな人にとっても大切です。このような映画を作った人にお礼を言いたいほどうれしいです。子供たちに、この映画を見せたいと思います。

なぜ生きるのテーマは、現代の課題

マーク・ロース
20代　男性（ポルトガル）

とてもよい映画でした。この映画が、日本からポルトガルへ来るまでに、二年間もかかったことは、とても残念に思います。

「なぜ生きる」というテーマは現代の課題です。日本だけでなく、ヨーロッパにも苦しんでいる人がたくさんいます。特に、若い人たちに必要な内容です。

人生について考えさせる映画は少ないので、この映画を通して、生きる方向が見えてくるように思います。

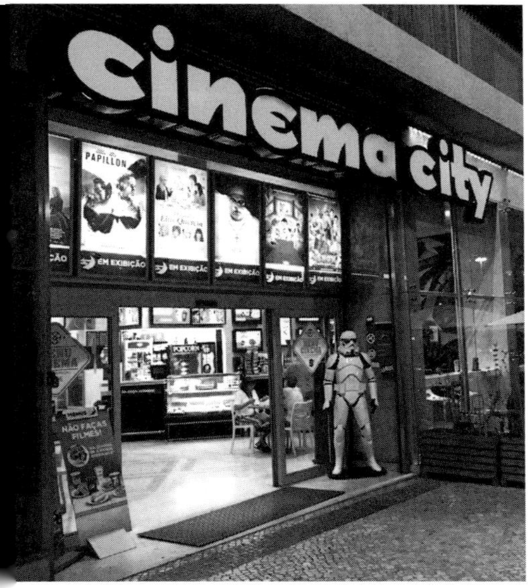

ポルトガルの首都・リスボンの映画館

人生をよく表している

メガ・トロン
20代　女性（スウェーデン）

私には、海の例えがいちばん心に残りました。人生をよく表していると思います。
映画にあるように、私たちの人生には、いろいろな板切れが浮《う》いています。
それらのものにすがって、一生懸命《いっしょうけんめい》、生きていきますが、大きな波が来て、すべて壊《こわ》される時があります。
また頑張《がんば》って、別の板切れにすがりますが、やはり波が来て、また苦しみます。私たちの人生はそのとおりだと思いました。

原作本を読んで勉強します

10代　男性（スウェーデン）

映画はとてもよかったです。内容に真実を感じました。これから映画の原作本『なぜ生きる』を読んで勉強したいと思います。

スウェーデンの映画館で、「なぜ生きる」を上映

海の例えに感動

ジャック・フェルウェン
30代　男性（ドイツ）

私はドイツに住んでいます。オランダで、この映画の上映があることを宣伝で知り、ドイツから見に来ました。なぜかというと、「なぜ生きる」について知りたいと思ったからです。

この映画に描かれている「海の例え」に感動しました。私たちの人生そのものです。この映画を見に来て、本当によかったです。

仏教とは、なぜ生きるを教えられたもの

ファービ・ファン・デル・メイ
50代　女性（オランダ）

私は、仏教のことは何も知りませんでした。しかし、この映画を見て、仏教とは、「なぜ生きる」について教えたものだと知りました。これだけでも、今日、映画を見た価値がありました。「なぜ生きる」の答えを知りたいですね。

私の人生は、これでいいのだろうか

イージフ・ピーテルセン
40代　女性（オランダ）

「なぜ生きる」の映画を見て、本当によかったです。「海の例え」が、心に残りました。自分の人生は、これでいいのかと、考えさせられました。本当の幸せを得ることができなければ、生きる意味がないと思います。

友達にも見てもらいたい

ブランカ・ロッペス
30代　女性（スペイン）

「なぜ生きる」をテーマにした映画を見たのは、初めてでした。「海の例え」が、人生をよく表していると感動しました。友人たちにも見てもらいたいと思います。

大悲の願船が心に残りました

セバスチャン
40代　男性（オランダ）

「なぜ生きる」の映画を見て、とても感動しました。素晴《すば》らしい映画です。「大悲《だいひ》の願船《がんせん》」が心に残りました。原作本も求めましたので、これから読みます。

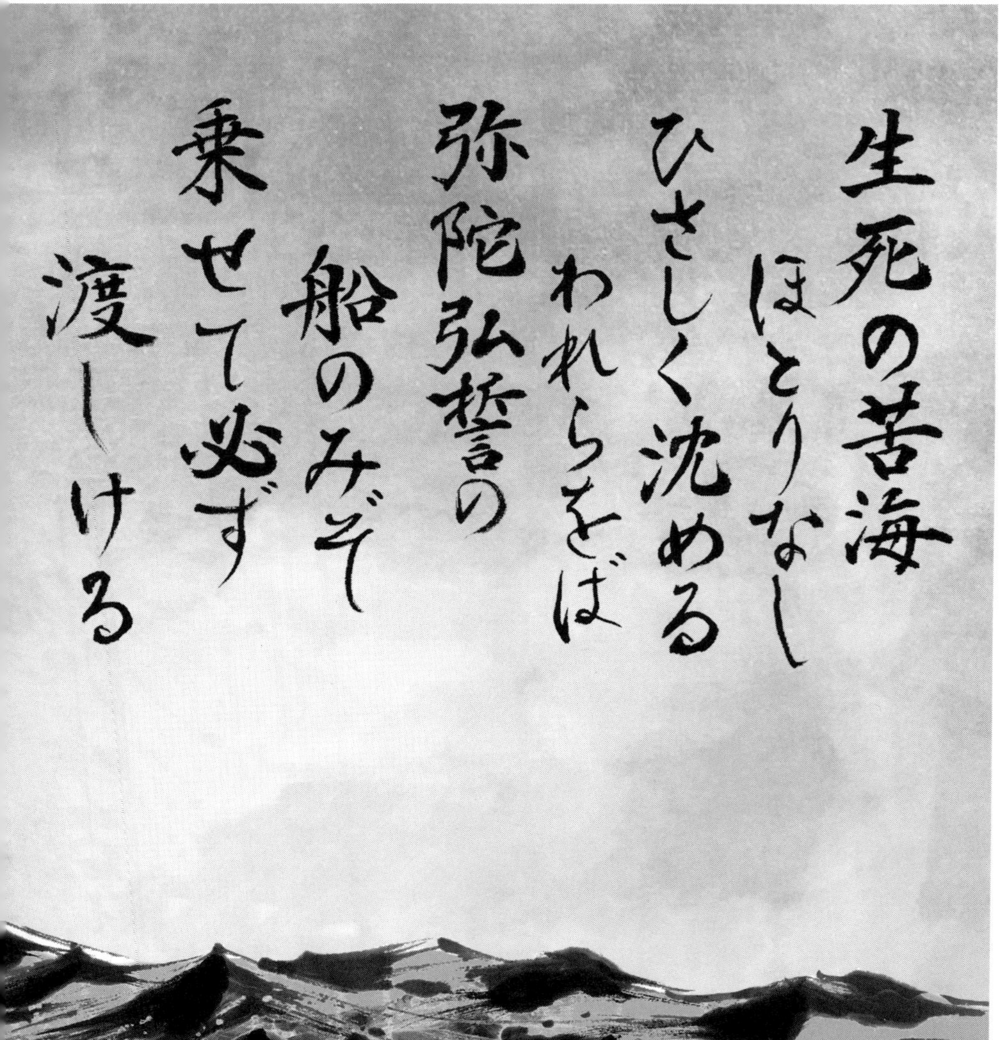
生死の苦海
ほとりなし
ひさしく沈める
われらをば
弥陀弘誓の
船のみぞ
乗せて必ず
渡しける

「大悲の願船」と「難度の海」　蓮如上人は、この屏風の前で法話をされた
（映画「なぜ生きる」より）

〈プロフィール〉

脚本

和田　清人（わだ　きよと）

昭和57年生まれ。東京藝術大学大学院映像研究科修了。
主な脚本作品
　映画「ギャングース」(2018)、
　映画「体操しようよ」(2018)、
　テレビ番組「衝撃スクープSP　30年目の真実 ～東京・埼玉連続幼女誘拐殺人犯・宮崎勤の肉声～」(2017 フジテレビ)。

漫画

太田　寿（おおた　ひさし）

昭和45年、島根県生まれ。
名古屋大学理学部分子生物学科卒業。
代々木アニメーション学院卒業。
著書『マンガでわかる　ブッダの生き方』
　　『マンガでわかる　仏教入門』
　　『マンガ 歴史人物に学ぶ
　　　大人になるまでに身につけたい大切な心』１～５

構成

大部　慧史（おおべ　さとし）

昭和57年、石川県生まれ。信州大学理学部修士課程を卒業後、
システムエンジニアとして勤務。
現在、漫画家、漫画原作者として活動中。
講談社からコミックス『赤橙』１～３巻を出版。

書

木村　泰山（きむら　たいざん）

昭和16年、広島県生まれ。法政大学卒業。書家。
日本書道振興協会常務理事、招待作家（実用細字部達人・かな部達人・詩書部達人。「達人」は、書道指導者の最高位）。
日本ペン習字研究会常任理事、全日本ペン書道展審査員。
元・読売書法展評議員。

なぜ生きる

漫画なぜ生きる

蓮如上人と吉崎炎上（前編）

平成31年(2019) 4月17日　第1刷発行

「なぜ生きる」映画製作委員会

脚　本　和田 清人

漫　画　太田 寿

構　成　大部 慧史

発行所　株式会社　1万年堂出版

〒101-0052　東京都千代田区神田小川町2-4-20-5F

電話　03-3518-2126

FAX　03-3518-2127

https://www.10000nen.com/

装幀・デザイン　遠藤 和美

印刷所　凸版印刷株式会社

ISBN978-4-86626-042-6 C0095